CIDADANIA, UM PROJETO EM CONSTRUÇÃO

OUTROS TÍTULOS DA COLEÇÃO AGENDA BRASILEIRA

As figuras do sagrado:
Entre o público e o privado na religiosidade brasileira
Maria Lucia Montes

Índios no Brasil: História, direitos e cidadania
Manuela Carneiro da Cunha

Mocambos e quilombos:
Uma história do campesinato negro no Brasil
Flávio dos Santos Gomes

Nem preto nem branco, muito pelo contrário:
Cor e raça na sociabilidade brasileira
Lilia Moritz Schwarcz

O século de escassez:
Uma nova cultura de cuidado com a água: imsasses e desafios
Marussia Whately
Maura Campanili

Se liga no som:
As transformações do rap no Brasil
Ricardo Teperman

COLEÇÃO AGENDA BRASILEIRA

CIDADANIA, UM PROJETO EM CONSTRUÇÃO

MINORIAS, JUSTIÇA E DIREITOS

André Botelho
Lilia Moritz Schwarcz
[ORGANIZADORES]

claroenigma

Grafia atualizada segundo o Acordo Ortográfico da Língua Portuguesa de 1990, que entrou em vigor no Brasil em 2009.

CAPA E PROJETO GRÁFICO
warrakloureiro

FOTO DE CAPA
Richard Kalvar/ Magnum Photos/ Latinstock

PREPARAÇÃO
Jacob Lebensztayn

REVISÃO
Adriana Cristina Bairrada
Viviane T. Mendes

Dados Internacionais de Catalogação na Publicação (CIP)
(Câmara Brasileira do Livro, SP, Brasil)

Cidadania, um projeto em construção : minorias, justiça e direitos / André Botelho, Lilia Moritz Schwarcz, [organizadores]. — 1ª ed. — São Paulo : Claro Enigma, 2012.

Vários autores.
ISBN 978-85-8166-020-2

1. Cidadania I. Botelho, André. II. Schwarcz, Lilia Moritz.

12-11745 CDD-302

Índice para catálogo sistemático:
1. Cidadania: Sociologia 302

4ª reimpressão

[2018]

EDITORA CLARO ENIGMA S.A.
Rua Bandeira Paulista, 702, cj.71
04532-002 – São Paulo – SP
Telefone: (11) 3707-3531
www.companhiadasletras.com.br
www.blogdacompanhia.com.br

SUMÁRIO

CIDADANIA E DIREITOS: APROXIMAÇÕES E RELAÇÕES

André Botelho e Lilia Moritz Schwarcz

Apesar de o conceito de cidadania ser central na agenda intelectual e política das sociedades contemporâneas, e de cruzar a cada dia novas fronteiras, ganhando mais espaço nas democracias representativas, não existe uma definição consensual ou mesmo análises definitivas da sua história. Uma história de longuíssima duração, é verdade, uma vez que, se a palavra *cidadão* vem do latim *civitas*, o conceito remonta à Antiguidade, e na civilização grega adquiriu os significados de liberdade, igualdade e virtudes republicanas, ainda hoje a ele associados. O ponto inicial dessa história do conceito de cidadania pode ser localizado nas primeiras páginas do livro III da *Política* de Aristóteles. Logo a princípio, o filósofo divide o problema em dois: quem é o cidadão; quem ou qual pessoa deve ser chamado de cidadão. À primeira pergunta, Aristóteles responde que "ser cidadão" significa ser titular de um poder público não limitado e participar de modo estável do poder de decisão coletiva. Já para a segunda questão, os critérios parecem mais restritos, limitando-se a um pequeno número de homens, excluídos aqueles que viviam do próprio trabalho, as mulheres, os escravos e os estrangeiros.

No entanto, a construção e a elaboração jurídica da categoria *cidadania* têm uma origem mais propriamente romana. Há quem sustente que o termo latino *civis* — no seu significado primeiro de cidadão — não teria equivalentes fáceis em outras línguas indo-europeias e garantiria os direitos dos *indigenatos* (dos nativos) diante dos estrangeiros. E quais seriam os direitos que denotam a *civis* e portanto distinguem o cidadão? Constituir família, ter servos e libertá-los (conferindo-lhes, assim, cidadania), contrair obrigações, votar decidindo sobre a paz, sobre a guerra e sobre a criação de magistrados, ser eleito nas magistraturas.[1] É importante notar que, a princípio, em Roma, os direitos cabiam ao *gentil*, e os termos *gentilis*, *patricius* e *civis* correspondiam a três lados de uma mesma figura social e conferiam igualmente cidadania. É igualmente sabido, porém, como a história de Roma é acompanhada pela extensão nos critérios de cidadania e de *civitas romana*, até porque os direitos seriam conferidos, com o tempo, a todos os habitantes do Império. O importante é que aos poucos caía a distinção que ligava cidadania ao *indigenato* em sentido estrito, à origem, e se abria mão igualmente da referência a elementos naturais como sangue, solo. Com isso, também a atribuição perde seu sentido natural para ganhar significados mais amplos e cada vez mais agenciados por motivos de ordem política. Tais direitos de cidadão podiam, assim, ser adquiridos, mas na mesma medida serem perdidos. O grau máximo era a redução à escravidão de um homem livre, e em seguida a condenação penal, que correspondia à morte da personalidade jurídica do indivíduo. Famosa é a citação de Aristóteles, que afirma: "Um homem sem cidade, sem cidadania, não é propriamente um homem, mas um deus ou um animal, ou uma 'coisa animada', tal como é o escravo". Para os escravos não há, portanto, *polis*, ou seja, cidadão pode ser apenas o homem livre, e esse só é cidadão participando de uma comunidade.

A despeito de tantas limitações, o conceito ganhou relevância política na *polis* grega, mas mais do que isso: foi identificado com o surgimento do burguês no mundo medieval, sendo que, nas passagens para a modernidade, a ideia de cidadania adquire fundamentos filosóficos modernos, especialmente na tradição conhecida como contratualista, destacando-se nela as obras do inglês John Locke (1632-1704) e do suíço Jean-Jacques Rousseau (1712-78). É com eles que a ideia de um "contrato" firmado pelos cidadãos com o Estado ganha importância.

Mas essa concepção seria desafiada na modernidade, mais exatamente com a noção de "direitos dos homens". O nascimento do mundo moderno é por muitos considerado como a manjedoura desta ideia que encontrou sua primeira expressão na invenção do conceito de *jusnaturalismo*. O Estado de Natureza aparece então como condição da liberdade individual dos homens; uma condição de certa maneira precedente à formação da comunidade política. Tomando as palavras de Locke: "Não há nada de mais evidente do que isso, que criaturas da mesma espécie, do mesmo nível, nascidas sem distinção e com as mesmas vantagens da natureza e com o uso das mesmas faculdades, devem ser iguais entre si, sem subordinação ou sujeição". Ou seja, era o final da divisão entre servos e senhores, livres e escravos. Outro documento icônico de época, e fortemente influenciado pelos teóricos da Ilustração, dentre eles Rousseau, é a *Declaração francesa* de 1789, que estabelece "que os homens nascem e permanecem livres e iguais em seus direitos". A liberdade individual, no mundo moderno, não dependia mais da "pertença" a uma comunidade, e, ao contrário, a precedia e condicionava.[2] A modernidade consiste, portanto, no aparecimento do "indivíduo", como categoria jurídica e existencial (como bem mostra Michel Foucault), e da sobreposição da identidade individual por sobre a coletiva.

Assim, com o avançar da modernidade, tão marcada pelo capitalismo e pelo Estado-nação (cujo surgimento e desdobramentos ainda estavam em curso), o conceito e a prática social da cidadania ganharam desenvolvimentos decisivos, e foram incorporados definitivamente ao vocabulário e à experiência política cotidiana. Por outro lado, diante do fortalecimento da urbanização e do espetáculo das ruas e da multidão a circular nelas, a luta pela cidadania juntou-se à dos direitos civis e foi embalada pelos movimentos sociais que estouravam pelo mundo afora, a partir dos anos 1970. A ideia de cidadania parecia, então, associar-se ao exercício pleno num Estado de direitos, e ao exercício do convívio entre iguais e em sociedade, mas também a um exercício de diferenças, e de diferenças entre iguais. É nessa época que surgem os movimentos de minorias e uma compreensão diferente da ideia de igualdade, com diversidade.

Mas se essa história é longa, já as teorias em torno do conceito não encontram a mesma proporção. Ainda que tenhamos uma considerável tradição de pensamento a respeito dela, conceitos de cidadania não são estáveis; eles antes convivem e disputam significados e sentidos não só práticos como simbólicos, até porque respondem a uma variedade de tipologias resultantes das mais diversas experiências históricas. Mesmo assim, algumas aproximações razoáveis são possíveis (e desejáveis), até porque nos ajudam a qualificar cidadania como, fundamentalmente, uma "identidade social politizada".[3] Isso significa dizer que cidadania envolve modos de identificação intersubjetiva entre as pessoas e sentimentos de pertencimento criados coletivamente em inúmeras mobilizações, confrontos e negociações cotidianas, práticas e simbólicas.

Seus múltiplos significados gravitam, pois, em torno do universo de valores e práticas dos direitos e do reconhecimento de direitos que, por sua vez, fornecem o conteúdo e os limites da cidadania. Por exemplo, tomemos a acepção talvez mais consensual de cidadania: a de que ser cidadão significa fazer parte de um todo maior, modernamente identificado a uma nação ou comunidade política específica, e ter direitos garantidos pelo Estado, com o qual temos também deveres. Ser detentor legítimo de direitos e obrigações sugere, em primeiro lugar, que cidadania sempre envolve uma dinâmica de inclusão e exclusão, suas reivindicações são sempre reivindicações de inclusão no usufruto de direitos, e se criamos critérios para incluir alguém estamos, necessariamente, também excluindo outros. Isso é importante para que se perceba como o discurso que cria os atributos de um bom cidadão, do "cidadão virtuoso", ao mesmo tempo o distingue e cria, por contraste, um "outro", cujas práticas e valores podem ser estigmatizados e identificados como "maus" ou "não" cidadãos. Assim, por exemplo, se o "bom" cidadão paga impostos pontualmente, já sabemos como identificar aqueles que não o fazem. Em segundo lugar, sendo o status de cidadão o de detentor legítimo de direitos e obrigações, surge um impasse constitutivo da noção de cidadania: é ela uma prerrogativa de gozar de direitos ou de praticar virtudes voltadas para a esfera pública? Ou seja, se o cidadão é um consumidor de direitos, ele não teria então direito à liberdade para inclusive fechar-se na esfera privada e não se envolver com nenhuma questão pública? Nesse sentido, em vez de facultar o convívio comum, o exercício da cidadania geraria um retorno à intimidade ou, pior, o aumento das demandas apenas individuais ou egoísticas. Essa é outra dualidade e contradição incontornável tanto no conceito quanto na prática da cidadania, e remete a tradições distintas de compreender e implementar o tema.[4]

Mas gostaríamos de voltar mais uma vez ao conceito de cidadania como "identidade social politizada". Cidadania é noção construída coletivamente e ganha sentido nas experiências tanto sociais quanto individuais, e por isso é uma identidade social. Claro que pensamos aqui em identidade como uma construção social relativa, contrastiva e situacional. Ou seja, ela é uma resposta política a determinadas demandas e circunstâncias igualmente políticas, e é volátil como são diversas as situações de conflito ou de agregamento social.[5] Porque é política, também sua força ou fragilidade depende das inúmeras mobilizações, confrontos e negociações cotidianas, práticas e simbólicas. Confrontos e negociações que, por sua vez, variam enormemente à medida que avançam os processos de construção do Estado-nação, da expansão capitalista, da urbanização e da coerção — e pensamos aqui especialmente na guerra.[6] "Identidade social politizada" significa, portanto, que a extensão dos direitos da cidadania democrática deve ser pensada como resultados possíveis das contendas concretas de grupos sociais, e que essas contendas são, por sua vez, fontes poderosas de identificação intersubjetiva e reconhecimento entre as pessoas. Nesse sentido, identidade e cidadania não são conceitos essenciais, fixos por natureza. Eles variam conforme a agência que fazem deles os homens que os mobilizam. Na verdade, e diferente do que se pensa, a comunidade se une como grupo, e depois dele é que se criam sentidos e políticas identitárias.[7]

Tão dinâmica como as sociedades que a ensejam, a cidadania ganha significados distintos atribuídos pelos atores sociais em suas interações e contendas sociais diversas, expandindo-se seus sentidos. Essa expansão no tempo e no espaço não significa, porém, e necessariamente, que a dinâmica da cidadania se processe numa linha reta por mera sucessão de significados, em que as conquistas mais recentes anulam ou tornam desnecessárias as anteriores. Na verdade, conceitos revelam construções sociais e processos que não seguem uma linha reta e premeditada; ao contrário, permitem avanços e recuos; novas retomadas. Assim, se antes cidadania era ligada a pertença, passou para a égide e para o exercício dos indivíduos, para retornar, modificada, como uma agenda de grupos, que declaram e defendem sua diferença.

Dessa forma, é possível pensar que, de tão usada, a cidadania como conceito e desejo ganhou, em nosso sistema moral, o mesmo papel antes desempenhado pela religião. Como consenso, imagina-se que o cidadão é o receptáculo de benefícios que somente o Estado pode fornecer.[8] Talvez por isso o conceito tenha se associado ao liberalismo, ou, na concepção tradicional e sempre acionada de Jean Bodin, o teórico francês do poder soberano no século XVI: "Um cidadão é a pessoa que desfruta (possui) da liberdade comum da proteção de autoridade". Interessante é que a palavra "desfruta" sugere um uso passivo, justamente aquele que não faz parte da atitude "ativa" que deve corresponder a um cidadão. De toda maneira, é sempre o Estado que aparece como provedor dos direitos do cidadão, ou um instrumento manejado por esses. O grupo de cidadãos pode ser definido, como vimos, por origem, nascimento ou até mesmo por consentimento, mas é o único que passa a receber proteção de algum Estado.

Vale lembrar que, nessa perspectiva, liberdade e proteção tendem a ver-se associadas. Como mostra Montesquieu, outro filósofo francês da Ilustração (1689-1755): "liberdade política consiste na segurança ou [...] na opinião [de] que gozamos de segurança". De maneira alternativa, supõe-se que o cidadão reconheça a obrigação de respeitar a lei. Mas é claro que há uma insegurança entre quem decide se a proteção é ou não suficiente ou quem decide o que deve ser protegido, por exemplo.

O fato é que a descrição dos cidadãos como receptáculos inativos dos benefícios nada tem a dizer sobre as dimensões políticas e morais da cidadania. Por isso, autores como Walzer nomeiam a existência de diferentes tipos de cidadania: o "cidadão oprimido", aquele cujas obrigações dependem de como ele decide envolver-se na comunidade maior que o circunda; o "cidadão isolado", que é protegido pelo Estado mas prefere não participar da vida política; e o "cidadão pluralista", aquele que recebe proteção e participa do governar e ser governado. Claro que esse é apenas um modelo teórico, e, na realidade, as situações acabam por se intercambiar. No entanto, e de toda maneira, a cidadania vai se transformando, e cada vez mais, numa escolha moral e não apenas num status legal.

Claro, ainda, que esses são só tipos ideais criados pelo analista político, mas sugerem haver também diferenças, não só históricas, como internas, ao exercício da cidadania. Por isso, a expansão do conceito e do seu uso não pode mais ser vista como simplesmente evolucionária ou progressiva, pois diferentes tipos de direitos convivem, dos mais tradicionais (como os relativos aos direitos do trabalhador) aos mais recentes (como os direitos relativos ao meio ambiente, por exemplo). Isso tanto porque a própria percepção e a atribuição de significados sobre direitos e cidadania mudam o tempo todo, quanto porque imensas parcelas da população mundial permanecem ainda sem acesso ou possibilidades de desfrutar dos direitos mais antigos dessa história da cidadania. Essa é, assim, uma história que se processa combinando mudanças e persistências, criatividade e reposição de problemas, desafios e lutas, modernidade com atraso, inclusão com exclusão.

Portanto, numa primeira aproximação ao tema, reconhecemos que a trajetória da cidadania moderna — ligada historicamente, como os direitos a ela associados, aos estados nacionais que os produzem e também reconhecem — está de fato marcada pelo sinuoso percurso de articulação entre o Estado, como dimensão da autoridade pública e do reconhecimento legal de direitos básicos, e a nação, como dimensão da solidariedade social em que nos reconhecemos como partes de uma comunidade política ou até, e mais atualmente, conforme bem mostra Benedict Anderson, "uma comunidade imaginada". O cidadão surge historicamente, como processo de lutas no interior das políticas nacionais, e de lutas pelos direitos dentro das fronteiras geográficas e políticas do Estado-nação, daí que a construção da cidadania seja um processo que diz respeito à relação das pessoas e grupos com o Estado e, mais atualmente, com o sentimento de pertença a uma nação. Tal modelo de identificação constrói quase "estruturas de sentimentos", na feliz expressão de Raymond Williams, em seu belo livro *O campo e a cidade*, que constituem e agregam grupos.

Como a consolidação da autoridade pública representada pelo Estado, com sua racionalização e burocratização, se processa na modernidade contra outras formas tradicionais e locais suas concorrentes — como as formas de autoridade e lealdades privadas ligadas à família, à religião ou à etnia, por exemplo —, durante décadas a cidadania foi pensada como forma de solidariedade que, correspondentemente, também tenderia a se universalizar para além de (e contra) outras formas de identificação intersubjetiva. Quer dizer, ser "brasileiro", por exemplo, significaria ser menos paulista, branco e católico, isto é, uma identidade que tenderia a se impor diante de todas as outras de modo unívoco.

As tensões imprimidas pelo Estado-nação sobre a dinâmica da vida social, portanto sobre a vida de grupos e pessoas, integram centralmente hoje a agenda de debates e confrontos. Críticas se voltam, sobretudo, contra os aspectos normativos e teleológicos das visões que pressupunham que a construção do Estado-nação — e, por conseguinte, da cidadania — configuraria um modelo universal definido a priori a partir de certas experiências europeias, elas mesmas, na realidade, historicamente muito diversificadas e contingentes; ou que a construção do Estado-nação pudesse, de fato, engendrar laços puramente civis que superariam formas mais primordiais de solidariedade na sociedade contemporânea.[9]

Para voltar ao exemplo dado acima, os atributos "paulista", "branco" ou "católico" podem ser vistos agora como modos de qualificar a identidade "brasileiro", e não mais como identidades sociais concorrentes e empecilho a sua consolidação. Assim, se antes ser cidadão brasileiro parecia significar apenas que, independente da região, etnia, religião ou gênero de cada um de nós, seríamos todos igualmente sujeitos dos mesmos direitos e também deveres garantidos pelo Estado, hoje essa é uma acepção que não abrange mais o fenômeno em toda a sua complexidade. Pertencer a um Estado garantidor de direitos é, sem dúvida, um aspecto central da cidadania. Porém, muitos acentuam que não existem condições para se atingirem exclusivamente formas civis de sentimentos de pertencimento; e que a diversidade cultural é não apenas uma componente inalienável dos estados nacionais, como ainda potente o suficiente para a conquista de novos direitos da cidadania. No Brasil, a chegada dos anos 1970 traz todo um movimento de contestação aos valores vigentes, e aos modelos de cidadania imperantes e totalmente vinculados ao Estado e ao jogo partidário, os quais são, a partir de então, questionados, juntamente com a política oficial. Há todo um novo modelo alternativo, que se afirma a partir de uma agenda renovada, expressa agora pelos movimentos sociais feminista, ambiental, o LGBTS, bem como o movimento negro. Data dessa época, por exemplo, o surgimento do Movimento Negro Unificado, que, ao lado de outras organizações paralelas, passava a discutir as formas tradicionais de poder. Importa destacar que, num país de larga vigência da escravidão como sistema arraigado e legitimado nacionalmente — afinal, fomos a última nação a abolir a escravidão no Ocidente —, o tema ganha especial relevância. Em primeiro lugar, pois, como vimos, na teoria política clássica, o escravo era, por definição, o não cidadão. Aquele sujeito social destituído de direitos. Ora, como entender a afirmação desse debate em tal contexto, que ainda carrega do passado expressões, vocábulos e práticas discriminatórios de séculos atrás? Por outro lado, como a abolição oficial divulgou e legou a ideia de que se conseguiu o término da escravidão sem um processo de lutas sociais, o resultado foi um retardamento do processo de luta por direitos civis, e por isso também uma eclosão paralela — singular, pois inscrita na própria história do país — de um movimento de luta por cidadania, porém que apela não tanto para o Estado como para a própria sociedade, defendendo não a universalidade, mas a particularidade dos direitos. O mesmo pode ser dito do movimento feminista, que se forja em um contexto de claro domínio do modelo paternalista de poder, muito difundido e interiorizado entre nós.

Uma segunda aproximação ao tema incide, portanto, sobre o reconhecimento da variedade de percursos do Estado-nação e, por isso, da cidadania. Um dos clássicos das ciências sociais sobre o tema, T. H. Marshall, numa conferência de 1949, intitulada "Cidadania, classe social e status", tratou o desenvolvimento da cidadania como uma sequência evolutiva ao mesmo tempo histórica e lógica de direitos civis, políticos e sociais. Fundada na experiência inglesa, essa visão da cidadania sugere que foi o exercício dos direitos civis — direitos que são fundamentais à proteção da liberdade e da igualdade — que ensejou a conquista dos direitos políticos — aqueles que garantem a participação no governo — e que o exercício destes, por fim, permitiu os direitos sociais — que remetem à ideia central da justiça social, como, por exemplo, o direito ao trabalho, à saúde, à educação. Um dos efeitos dessa visão influente foi a naturalização do conceito de cidadão como aquele que concentra plenamente a titularidade dos três direitos — um ideal normativo que, mesmo sendo, talvez, inatingível historicamente, tem se mostrado potente o suficiente para favorecer a mobilização pela cidadania.

Embora tenha sido muito influente, essa visão vem recebendo muitas críticas. Recusam-se, sobretudo, o equacionamento do desenvolvimento social em termos de uma diferenciação do simples para o mais complexo nela sugerido e a própria ideia de que a mudança social opere com fatores independentes do percurso histórico de cada sociedade. Assim, outras versões mais sensíveis à dimensão histórica da cidadania vêm ganhando espaço, mostrando que, assim como a construção do Estado-nação não segue um padrão único definido *a priori* — isto é, o que todas as experiências históricas concretas devam repetir —, também não existiria apenas um só caminho para a cidadania e para a conquista de direitos. É isso que se pode aprender, por exemplo, noutro texto clássico moderno das ciências sociais: *Construção nacional e cidadania* (1964), de Reinhard Bendix, judeu alemão radicado nos Estados Unidos.

No caso brasileiro, autores como José Murilo de Carvalho mostraram como houve historicamente, ao contrário do caso inglês estudado por Marshall, maior ênfase nos direitos sociais em relação aos direitos políticos e civis, e a precedência dos direitos sociais em relação aos outros. Assim, se em tese é possível haver direitos civis sem direitos políticos, ou existirem direitos sociais sem direitos civis, ou ainda haver direitos sociais sem direitos políticos, em tese também parece legítimo pensar que, na ausência de direitos civis e políticos, o conteúdo e o alcance dos direitos sociais tendem a ser arbitrários e autoritários. Em suma, e essa é uma terceira aproximação importante ao tema, a garantia e o exercício de certos direitos não significam o gozo de outros. Mas sem a garantia dos direitos civis — do preceito da liberdade, e a liberdade de associação é pedra angular na configuração de uma sociedade mobilizada coletivamente, isto é, na configuração de uma sociedade civil organizada politicamente —, os direitos políticos ficam formalmente "esvaziados de conteúdo e servem antes para justificar governos do que para representar cidadãos".[10] É com base no exercício dos direitos civis — nas liberdades individuais, sobretudo a liberdade de associação e opinião — que os direitos políticos — de participação no governo, o que vai além do direito ao voto — podem ser alcançados, e é com base nessa articulação entre os direitos que a noção de cidadania toma uma forma mais acabada e renovada.

O percurso da cidadania no Brasil, como não poderia deixar de ser, seguiu os rumos da história do país. Um país que se tornou independente com a maior parte da população excluída dos direitos civis e políticos e sequer mobilizada por um sentido de nacionalidade. Uma monarquia, cercada de repúblicas por todos os lados, significou um desafio à experiência nacional, no sentido de reverem-se conceitos como ser "súdito" ou ser "soberano". Estava (e está) em questão, pois, o status deste cidadão, e que repassa a própria identidade do indivíduo moderno, e é por ele reivindicada, uma vez que não se quer mais ser apenas "súdito", ou seja, simples sujeito de deveres e destinatário passivo de comandos. Por outro lado, a longa experiência social da escravidão, que modelou a sociedade e, na prática, negava os direitos mais básicos de liberdade e igualdade, e seu legado persistente na sociedade brasileira representam sem dúvida limites cruciais à cidadania. A sorte dos homens livres pobres, a maioria da população, também não foi muito diferente a esse respeito: imersos em estruturas de dominação tradicional, como o mandonismo, o coronelismo e outros, dependiam das relações de favor com os poderosos para sobreviverem — e o favor, segundo se sabe, é pessoal, representando por isso a mais clara negação dos direitos cuja universalização fica comprometida.[11] Uma relação problemática com o Estado é fortalecida ainda mais, uma vez que a concepção geral, e disseminada, é que se deve mais aos poderes pessoais e privados do que à esfera oficial e pública, como bem mostrou Sérgio Buarque de Holanda, ainda em 1936, em seu clássico *Raízes do Brasil*. Coube à República, proclamada em 1889, dar início ao longo processo de incutir e cultivar sentimentos de pertencimento e de identidade nacionais entre os brasileiros, que deixavam de ser súditos do imperador e se tornavam formalmente cidadãos. Processo marcado por paradoxos fortes, a Primeira República Brasileira colocou na mesma cena nacionais e imigrantes estrangeiros; políticas de inclusão social e de exclusão; liberalismo combinado com racismo científico; campo e cidade; cidadania e barbárie; uma urbanidade veloz com os distantes sertões, modernidade e atraso. Diferentes lados da mesma moeda, a Primeira República nada teve de "Velha", visto que gestou projetos incipientes de cidadania, modelos de institucionalização e uma agenda carregada de mobilizações sociais de todo tipo.[12] Com o Estado Novo (1937-45), o Brasil entra na gramática moderna da cidadania, porém de um modo que também cobraria seu preço. Afinal, se tratava de uma ditadura que não reconhecia, ou reconhecia limitadamente, direitos civis e políticos. Assim, o reconhecimento dos direitos sociais por meio da legislação trabalhista então implantada se dava em detrimento do reconhecimento e exercício de outros direitos básicos. Os anos de Juscelino Kubitschek, nosso "Presidente Bossa Nova", se trouxeram a miríade de uma nova era, da integração sem limites, também não trataram de alterar os imensos gaps sociais que marcam nosso processo nacional. Uma nova ditadura, dessa vez militar, instaurada com o golpe de 1964 fecharia mais uma vez o exercício dos direitos, debilitando ainda mais a cidadania. Com a transição democrática no final dos anos 1970 é que teria início, enfim, um novo momento da história da cidadania nacional, com o reconhecimento e o exercício pleno de direitos de todas as ordens, garantidos pela Constituição de 1988, não por acaso denominada de "cidadã". Desde então o país tem apresentado um modelo exemplar de direito à representação. Não só possuímos sistemas eleitorais legais populares e ininterruptos, como apresentamos um modelo de votação eleitoral eficiente e ligeiro, de maneira que no país, no mesmo dia, já se conhece o resultado de quem serão os futuros representantes políticos da nação. No entanto, se as saídas políticas com que se têm enfrentado as diferentes crises mostram a consolidação de um processo democrático, ao mesmo tempo as falhas e fragilidades de um movimento de matriz republicana são igualmente gritantes. Não por coincidência os dados de 2012 apontam o Brasil como a sexta potência mundial no que se refere a índices econômicos, contudo o quarto país a apresentar números de gap social mais elevados na América Latina, demonstrados por diferenças perversas nos dados da educação, do trabalho, da mortalidade e do lazer. De um lado, vemos a consolidação de modelos de inclusão social; de outro, a manifestação de traços de uma cultura política em que faltam virtudes republicanas. Corrupção interna, uso privado da máquina de Estado, violência policial são impasses ainda presentes na moderna tradição brasileira e desafios atuais da cidadania nacional.

A história da cidadania é, assim, uma história de lutas e conquistas relacionadas a diferentes processos nacionais de construção e democratização de Estados de direito, e o caso brasileiro não foge à regra. Ou seja, tendeu a se formalizar com a consolidação da democracia representativa que reconhece a existência de canais institucionais oficiais e públicos para a resolução de conflitos. Mas, embora se guardem diferenças de um contexto nacional para outro, perspectivas comparadas permitem entrever certas regularidades nessa história que é também uma história comum. E aqui chegamos a uma última aproximação ao tema. Resumidamente, até meados do século XX parecem ter prevalecido lutas por diferentes direitos individuais — corporificadas pelo *jusnaturalismo*, como modelo jurídico que conferia ao sujeito o acesso genuíno e usufruto do corpo da lei —, ao passo que, sobretudo a partir dos anos 1970, novos direitos coletivos passaram a conviver na agenda da cidadania democrática. Eles se relacionam, por sua vez, ao relançamento e difusão de novos modelos no debate teórico-político, e aos desenvolvimentos mais recentes dessa mesma teoria da democracia e dos processos de democratização, que levou à nova reflexão sobre o tema dos direitos sociais e da análise da crise dos sistemas, com base no princípio do *welfare*, ou do Estado de bem-estar social.[13] Por conta disso, nos últimos anos, a cidadania foi de certa maneira redescoberta ou de alguma maneira retomada igualmente em relação às questões de pertença e de identidades de vocação coletiva, de alguma forma reconfiguradas a partir das dramáticas experiências de migrações em massa, conflitos étnicos, novas tribalizações, emergência de novas culturas da diferença e da alteridade. Destacam-se, nessa nova agenda, os direitos à segurança e à propriedade do indivíduo, bem como à sua integração na comunidade política nacional. As crescentes pressões sociais por justiça material levaram à percepção de novos direitos individuais e, consequentemente, à ampliação dos significados e sentidos da cidadania, por meio das lutas por direito à moradia, à saúde e à educação básica, por exemplo. A grande inovação ficou por conta da emergência das lutas por novos direitos, que não mais se referem exclusivamente a indivíduos, abrangendo grupos, etnias, nações e a própria humanidade, por exemplo, em seu direito a um meio ambiente equilibrado, à paz ou à transmissão do patrimônio ecológico e/ou cultural às gerações futuras.[14]

É bom insistir que essa não é uma história evolucionária. Se novas noções de direitos surgiram, isso não significa que outras mais antigas tenham perdido sua eficácia prática e simbólica, ou mesmo tenham deixado de ser necessárias, ou tenham sido resolvidas. E se é uma história que enlaça e envolve diferentes trajetórias nacionais, bem como forma experiências de interação internacionais, vale ainda atentar para as diferenças de sentido que persistem em meio às regularidades nelas observáveis, como as que apontamos acima. Assim, teríamos duas formas básicas de encarar, por exemplo, o legado da cidadania fortemente ligada ao Estado no Brasil para o contexto contemporâneo, marcado pelo ressurgimento da ideia de "sociedade civil" e por sua luta por direitos, bem como a revalorização do debate sobre "esfera pública" como uma arena a ser fortalecida diante do Estado e do mercado. De um lado, posições mais historicistas, baseadas na compreensão segundo a qual as concepções e combinações diversas de direitos e cidadania em cada sociedade constituem opções históricas que, uma vez tomadas, produzem consequências que tendem a limitar as alternativas subsequentes de cada sociedade. De outro lado, posições mais estruturais, que afirmam não importarem muito quais tenham sido suas opções históricas passadas, pois as sociedades tendem a adotar os mesmos padrões universais de coordenação social. Isto é, por uma parte, aqueles que apostam nas singularidades de cada contexto histórico e na maneira como as sociedades "traduzem" modelos externos de maneiras diferentes. De outra, as análises que jogam suas fichas na ideia de que as sociedades são mesmo, e sempre, assemelhadas a si mesmas. O debate está aberto e compreende diferentes posições e não somos nós a desempatar a partida.

Se as definições teóricas sintéticas são frágeis para fazer frente à complexidade dos fenômenos envolvidos, mais importa pensar a categoria de cidadania sempre "em relação". Assim, parece mais produtivo pensar como a cidadania se constrói socialmente, e, portanto, em relação com outros fenômenos, instituições e atores sociais, do que buscar no conceito a sua própria chave de compreensão essencial. Por isso, além das aproximações mais gerais ao tema propostas nesta introdução, gostaríamos de explicitar a seleção de verbetes que fizemos para este livro. Sem pretender esgotar o tema da cidadania, nosso desafio é pensá-lo em relação a diferentes fatores que, embora gerais, quer dizer, relevantes na história da cidadania, são especialmente importantes na experiência sociocultural e política brasileira e, portanto, na trajetória e nos desafios ainda abertos à cidadania democrática entre nós — e, por que não dizer?, também a partir do Brasil para outros países. Nossa seleção procurou também dar conta das relações fundamentais nas quais se constroem cidadania democrática e direitos em três níveis diferentes, mas totalmente complementares.

Assim, num nível mais geral, Maria Tereza Aina Sadek mostra como justiça e direitos são dois termos intrinsecamente relacionados, uma vez que, sem instituições de justiça, os direitos não passam de quimera; e a ausência de direitos, por sua vez, priva de sentido o trabalho da justiça. Antonio Sérgio Alfredo Guimarães discute as relações entre desigualdades e diversidades, chamando a atenção para o grande desafio que é conciliar a igualdade e a liberdade jurídicas constitucionais das sociedades modernas com as desigualdades sociais e as diversidades culturais. O verbete de André Botelho discute as relações entre público e privado em diferentes interpretações do Brasil de um ponto de vista histórico, e seus impasses para a cidadania democrática e para o enraizamento cotidiano dos direitos.

Num segundo subgrupo de verbetes, intermediário, Antônio Flávio Pierucci apresenta um mapeamento preciso das filiações religiosas dos brasileiros, apontando para um vigoroso movimento de *transição demográfico-religiosa* com consequências muito relevantes para as identidades sociais e suas relações com a cidadania. Sergio Adorno mostra como o aumento do crime e da violência física e simbólica na sociedade brasileira e as diferentes respostas do Estado e da sociedade afetam diretamente a cidadania e o exercício dos diferentes direitos. Outra dimensão fundamental do problema é abordada no verbete de Luiz Eduardo Soares, que discute a relação entre segurança pública e Estado democrático de direito.

Num terceiro subgrupo de relações, por fim, reencontramos essas questões cruciais da cidadania e do exercício de direitos e do reconhecimento tal como vêm sendo vivenciadas diretamente por diferentes grupos e movimentos sociais. Assim, o verbete de Lilia Moritz Schwarcz discute o racismo e sua dinâmica toda especial de exclusão e inclusão sociocultural e política na sociedade brasileira. Mariza Correa discute as questões de gênero, cruciais na produção de identidades, no novo desenho dos movimentos sociais e nos jogos de cidadania. Os movimentos LGBTs e os efeitos de suas demandas para as noções e práticas de gênero, de direitos e de cidadania são tema do verbete de Júlio Assis Simões. Por fim, Neide Esterci discute como os povos e as culturas considerados usualmente "tradicionais", do ponto de vista dominante nos processos de modernização, vêm subvertendo muito do que então se entendia como pré-condições para a cidadania e, assim, contribuindo para expandir seus significados.

Temos pela frente, pois, um belo panorama de como no Brasil atual tem se construído e experimentado esse conceito jurídico de origens tão antigas como variadas, o qual, na contemporaneidade, vem se apresentando como uma verdadeira doutrina da cidadania; uma gramática da democracia.

NOTAS

1 BOVERO, Michelangelo. *Contra o governo dos piores*: uma gramática da democracia. Rio de Janeiro: Campus, 2002.
2 Id.
3 REIS, Elisa Pereira. *Processos e escolhas*. Estudos de sociologia política. Rio de Janeiro: Contra Capa, 1998.
4 Id.
5 Id.
6 TILLY, Charles. *Coerção, capital e estados europeus, 1990-2*. São Paulo: Edusp, 1996.
7 BARTH, Frederik. *Ethnic groups and boundaries*. The social organization of culture difference. Bergen-Oslo: University Forlaget, 1969.
8 WALZER, Michael. *Ensaios sobre desobediência, guerra e cidadania*. Rio de Janeiro: Zahar, 1977.
9 BOTELHO, André. Passagens para o Estado-nação: a tese de Costa Pinto. *Lua Nova*: revista de cultura e política, São Paulo: CEDEC, n. 77, pp. 147-77, 2009; ——. Political sociology. In: Sociopedia. ISA, 2011. Disponível em: <http://www.sagepub.net/isa/admin/viewPDF.aspx?&art=Political%20Sociology.pdf>. Acesso em: 28 ago. 2012.
10 CARVALHO, José Murilo de. *Cidadania no Brasil*: o longo caminho. Rio de Janeiro: Civilização Brasileira, 2004. p. 10.
11 SCHWARZ, Roberto. As ideias fora do lugar. In: *Ao vencedor as batatas*. São Paulo: Duas Cidades, 1988.
12 SCHWARCZ, Lilia Moritz. Um nome muito mais que um nome. In: *História do Brasil nação*. Rio de Janeiro: Mapfre; Objetiva, 2012. v. 3.
13 Bovero, op. cit.
14 CARVALHO, Maria Alice Rezende de. Cidadania e direitos. In: BOTELHO, André; SCHWARCZ, Lilia Moritz. *Agenda brasileira*: temas de uma sociedade em mudança. São Paulo: Companhia das Letras, 2011.

BIBLIOGRAFIA

ANDERSON, Benedict. *Comunidades imaginadas*. São Paulo: Companhia das Letras, 2009.

BARTH, Frederik. *Ethnic groups and boundaries*. The social organization of culture difference. Bergen-Oslo: University Forlaget, 1969.

BENDIX, Reinhard. *Construção nacional e cidadania*. São Paulo: Edusp, 1996.

BOTELHO, André. Passagens para o Estado-nação: a tese de Costa Pinto. *Lua Nova*: revista de cultura e política, São Paulo: CEDEC, n. 77, pp. 147--77, 2009.

_____. Political sociology. In: Sociopedia. ISA, 2011. Disponível em: <http://www.sagepub.net/isa/admin/viewPDF.aspx?&art=Political%20Sociology.pdf>. Acesso em: 28 ago. 2012.

BOVERO, Michelangelo. *Contra o governo dos piores*: uma gramática da democracia. Rio de Janeiro: Campus, 2002.

CARVALHO, José Murilo de. *Cidadania no Brasil*: o longo caminho. Rio de Janeiro: Civilização Brasileira, 2004.

CARVALHO, Maria Alice Rezende de. Cidadania e direitos. In: BOTELHO, André; SCHWARCZ, Lilia Moritz. *Agenda brasileira*: temas de uma sociedade em mudança. São Paulo: Companhia das Letras, 2011. pp. 102-9.

CUNHA, Manuela Carneiro. *Negros estrangeiros*. São Paulo: Companhia das Letras, 2012.

FOUCAULT, Michel. *Arqueologia do saber* (1969). São Paulo: Martins Fontes, 1972.

HOLANDA, Sérgio Buarque de. *Raízes do Brasil* (1936). São Paulo: Companhia das Letras, 2006.

MARSHALL, T. H. *Cidadania, classe social e status*. Rio de Janeiro: Zahar, 1967.

REIS, Elisa Pereira. *Processos e escolhas*. Estudos de sociologia política. Rio de Janeiro: Contra Capa, 1998.

SCHWARCZ, Lilia Moritz. Um nome muito mais que um nome. In: *História do Brasil nação*. Rio de Janeiro: Mapfre; Objetiva, 2012. v. 3.

SCHWARZ, Roberto. As ideias fora do lugar. In: *Ao vencedor as batatas*. São Paulo: Duas Cidades, 1988.

TILLY, Charles. *Coerção, capital e estados europeus, 1990-2*. São Paulo: Edusp, 1996.

WALZER, Michael. *Ensaios sobre desobediência, guerra e cidadania*. Rio de Janeiro: Zahar, 1977.

JUSTIÇA E DIREITOS: A CONSTRUÇÃO DA IGUALDADE

Maria Tereza Aina Sadek

Justiça e direitos são dois termos intrinsecamente relacionados. Sem instituições de justiça, direitos não passam de quimera. A ausência de direitos, por sua vez, priva de sentido o trabalho da justiça.

Os direitos fornecem o conteúdo e os limites da igualdade, enquanto a justiça garante que esses parâmetros tenham validade e possam ser reclamados.

Embora a aspiração por justiça seja tão antiga quanto os primeiros agrupamentos sociais, seu significado sofreu profundas alterações no decorrer da história. Apesar das mudanças, um símbolo atravessou séculos — a deusa Têmis —, uma imponente figura feminina, com os olhos vendados e carregando em uma das mãos uma balança e na outra uma espada. Poucas divindades da mitologia grega sobreviveram tanto tempo. Mesmo sem saber seu nome ou mesmo todo o seu significado, poucos deixariam de reconhecer na imagem o símbolo da justiça.

A persistência da representação tem muito a ver com sua quase obrigatória utilização nos espaços designados para tribunais e também com a força da própria simbologia. A deusa traduz a ideia mais difundida de justiça. A venda significa a imparcialidade, o tratamento igual sem distinções perante a justiça, sejam ricos ou pobres, poderosos ou humildes. A espada exprime o poder, a força para fazer com que sua decisão seja cumprida. A balança, por sua vez, indica o equilíbrio, a equidade, a justeza das decisões orientadas pela lei.

Essa persistência esconde, contudo, importantes e mesmo radicais mudanças que ocorreram da Antiguidade grega até nossos dias, especialmente a partir da modernidade. Tanto os direitos quanto a justiça sofreram grandes transformações.

A moderna ideia de justiça e de direito é inerente ao conceito de indivíduo, um ente que tem valor em si mesmo, dotado de direitos naturais. Tal doutrina se contrapunha a uma concepção orgânica, segundo a qual a sociedade é um todo. A prevalência da matriz individualista significou que o indivíduo antecede o Estado e a sociedade. Assim, nenhum atributo externo a ele teria força para predeterminar qualquer distinção social. "Todos nascem livres e iguais" — é a máxima dessa era. Ou seja, o indivíduo é concebido como um ser de direitos, esses direitos antecedem a organização social e política e têm precedência sobre os deveres.

A liberdade, nesse novo paradigma, deixa de ser uma concessão ou uma característica de uma camada social ou de um estamento e converte-se em um atributo do próprio homem. Locke, no *Segundo tratado sobre o governo*, em 1690, afirmava: "O homem define-se por sua vida, sua liberdade e bens".

A crença de que os direitos do homem correspondiam a uma qualidade intrínseca ao próprio homem e que, como tal, nada se devia à sociedade nem às autoridades constituídas, implicou enquadrar a justiça em outro paradigma. De fato, as elaborações teóricas jusnaturalistas, desenvolvidas nos séculos XVII e XVIII, apesar das diferenças entre os autores, têm em comum não apenas a caracterização dos homens como sujeitos, como portadores de direitos, como entes individuais autônomos, mas também a afirmação de que a realização dos direitos naturais e da lei universal exige que a administração da justiça seja feita por uma instituição pública independente.

O justo não é mais correspondente à função designada no corpo social, mas é um bem individual, identificado com a felicidade, com os direitos inatos.

Houve uma mudança de qualidade nos termos da discussão. Trata-se de uma revolução, tanto no que se refere à concepção sobre o homem quanto sobre a sociedade e o Estado.

Da igualdade nos direitos naturais derivava-se não só a liberdade, mas também as possibilidades de questionar a desigualdade entre os indivíduos e grupos, de definir o tipo de organização social e o direito à resistência. Toda e qualquer desigualdade passa a ser entendida como uma desigualdade provocada pelo arranjo social, pelo ordenamento estatal, pelo acordo realizado entre os indivíduos. Nesse paradigma, a sociedade e o Estado não são fenômenos dados, mas são engendrados pelo homem. São concebidos como criações humanas, resultantes de um pacto entre indivíduos. A desigualdade e o poder ilimitado deixam, pois, de ser justificados como naturais, isto é, como decorrentes da ordem natural das coisas, ou ainda como materializações de uma vontade extraterrena. Os arranjos sociais e políticos tornam-se, portanto, passíveis de contestação e sujeitos à intervenção.

Os preceitos filosóficos forneceram os fundamentos para uma nova arquitetura social. Esse arranjo encontra sua manifestação mais explícita na codificação da igualdade a partir de normas legais. A igualdade perante a lei, ou a formalização dos direitos, representa o reconhecimento de uma área de contestação da desigualdade e de privilégios. Prerrogativas são deslegitimadas, gerando espaço para direitos. Esses direitos constituem e delimitam a cidadania.

O processo de incorporação de direitos estabelece o rol de componentes que definirão a igualdade, produzindo consequências no cotidiano. Um dos mais importantes efeitos da admissão de direitos é a redução das distâncias entre indivíduos e grupos, tornando insustentáveis determinadas desigualdades. O conteúdo da igualdade e, consequentemente, a definição da cidadania sofreram importantes modificações no decorrer da história e nas diferentes sociedades, tanto do ponto de vista formal como concreto.

Com efeito, historicamente, o processo de ampliação dos direitos que compõem a cidadania representou uma expressiva redução nos níveis de exclusão social. O reconhecimento da igualdade perante a lei traduziu-se em um aumento das possibilidades de participar dos bens coletivos e usufruí-los. A igualdade prevista na lei tem, pois, condições de reduzir as desigualdades econômica e social e suas consequências.

A doutrina dos direitos do homem, concebida nos séculos XVII e XVIII, encontrou seu primeiro momento de eficácia na

Declaração de Independência dos Estados Unidos, em 1776, na Declaração dos Homens e do Cidadão de 1789 e especialmente nas constituições liberais que incorporaram os direitos. Mas de que direitos se tratava e, consequentemente, qual a concepção de igualdade?

Marshall, em seu estudo clássico sobre a cidadania, *Cidadania, classe social e status*, tomando como referência empírica o mundo europeu ou mais precisamente a Inglaterra, aponta a existência de três conjuntos distintos de direitos e, portanto, de diferentes significados da igualdade: os direitos civis, os direitos políticos e os direitos sociais. No caso inglês, esses direitos foram progressivamente conquistados, sendo possível estabelecer um período correspondente a cada um deles — os civis no século XVIII, os políticos no XIX e os sociais no XX.

A consagração em lei de cada um desses conjuntos de direitos provocou mudanças no status quo, que se traduziram na definição e na aceitação de uma área de igualdade. Assim, o reconhecimento dos direitos civis implica estabelecer que, a despeito de desigualdades econômicas e sociais, todos são iguais perante a lei, todos usufruem de igual liberdade de ir e vir, igual direito à segurança, à propriedade, à livre associação, à liberdade de crença, à escolha do trabalho, de não ser condenado sem o devido processo legal etc.

Da mesma forma, admitir os direitos políticos significa aceitar que, apesar das diferenças quanto à riqueza e/ou ao prestígio social, todos são iguais — têm o mesmo peso — no que diz respeito à participação no governo da sociedade e na escolha dos governantes, e que todos podem postular a posição de governante.

Os direitos sociais, por sua vez, têm por objetivo um padrão mínimo de igualdade no que se refere ao usufruto dos bens coletivos. Incluem-se nesse patamar, dentre outros, o direito à educação, à saúde, à moradia etc.

No século XX, sobretudo depois da Segunda Guerra Mundial, a concepção formal de igualdade foi questionada. A discussão punha em foco as consequências advindas da convivência entre, de um lado, a ideia de igualdade abstrata, expressa nas leis, e, de outro, a desigualdade real. As análises mais influentes apontavam para o fato de que as abismais distâncias econômicas e sociais entre os indivíduos tinham potencial de abalar a legitimidade dos fundamentos da igualdade expressa em leis e, nessa medida, poderiam pôr em risco a paz social. Ademais, julgava-se que o livre desenvolvimento das forças de mercado não seria capaz por si só de atenuar as desigualdades. Daí a necessidade de se abandonarem práticas baseadas na ortodoxia liberal e de conceber políticas afirmativas.

À lei igual para todos incorpora-se o princípio de que desiguais devem ser tratados de forma desigual. Cresce a força de movimentos segundo os quais a lei, para cumprir suas funções, deve ser desigual para indivíduos que são desiguais na vida real. Assim, passam a ser defendidas a elaboração e a adoção de políticas que tenham por finalidade diminuir a desigualdade. Políticas afirmativas traduzem a ideia de que cabe à lei e também ao poder público interferir na desigualdade concreta.

O reconhecimento e a efetivação dos direitos sociais significam uma revolução de magnitude semelhante àquela contida na concepção do indivíduo abstrato. Exigem que seja somada à noção de liberdades negativas a noção de liberdades positivas. Não se trata apenas de liberdades "de" — para as quais é importante que o poder público não atrapalhe ou que as grandes forças privadas não exerçam nenhum tipo de constrangimento —, mas igualmente de liberdades vistas como positivas, ou seja, as liberdades "para", cuja efetivação depende de ações afirmativas, deliberadas.

Os direitos civis e políticos têm por base o indivíduo, exigindo para a sua efetivação a limitação do poder público, um Estado mínimo. Já os direitos sociais, também denominados de direitos de segunda geração, requerem políticas públicas que, ao reconhecerem a exclusão, objetivem uma justiça distributiva. Ou seja, é necessário um Estado atuante, no sentido de providenciar a concretização dos direitos à saúde, ao trabalho, à educação, à moradia, à aposentadoria etc.

Os direitos civis, políticos e sociais não esgotam o rol de direitos que compõem a cidadania ou os conteúdos e limites da igualdade. Nas últimas décadas, a eles foram acrescidos os chamados direitos de terceira geração, referidos não mais a indivíduos, mas a grupos. São os direitos do consumidor, de crianças, de idosos, de minorias etc.

Nesse novo contexto, marcado pelos direitos sociais e pelo Estado do Bem-Estar Social, modifica-se inteiramente o perfil do poder público e também da justiça estatal. Trata-se, a partir de então, de garantir não apenas as liberdades negativas, mas também de assegurar as liberdades positivas.

Para a materialização de todos os direitos, sejam eles individuais ou supraindividuais, o acesso à justiça é requisito fundamental. Em outras palavras, o direito de acesso à justiça é o direito sem o qual nenhum dos demais se concretiza. Assim, qualquer óbice ao direito de acesso à justiça tem condições de provocar limitações ou mesmo de impossibilitar a efetivação dos demais direitos e, portanto, a concretização da cidadania, a realização da igualdade.

O Judiciário, segundo tais parâmetros, representa uma força de emancipação. É a instituição pública encarregada, por excelência, de fazer com que os preceitos da igualdade estabelecidos formalmente prevaleçam na realidade concreta. Assim, os supostos da modernidade, particularmente a liberdade e a igualdade, dependem, para se materializarem, da força do Judiciário, de um lado, e do acesso à justiça, das possibilidades reais de se ingressar em tribunais, de outro.

Embora se sublinhe o papel do Judiciário como responsável pela efetivação dos direitos, a instituição só cumpre o seu papel onde impera o Estado de Direito, isto é, onde a lei tem valor universal e prevalece sobre o arbítrio. Ademais, deve ser notado que o Judiciário apresenta características distintas nos diferentes sistemas de governo — presidencialista e parlamentarista — e nos diferentes sistemas jurídicos — *common law* e *statute law*. De forma bastante simplificada, o modelo presidencialista confere ao Judiciário o estatuto de poder de Estado. Suas atribuições extrapolam a distribuição de justiça para a solução de conflitos. O Judiciário possui uma face nitidamente política, proveniente de sua capacidade de exercer o controle da constitucionalidade de leis e atos originários do Executivo e do Legislativo. Nos sistemas parlamentaristas, o Judiciário exerce uma atribuição extremamente relevante, a garantia de direitos, mas não é um poder estatal. No que diz respeito aos sistemas jurídicos, a distinção básica está no fato de que os países que adotam a *common law* são regidos pela jurisprudência dos tribunais, por usos e costumes, enquanto os de *statute law* orientam-se predominantemente por leis escritas.

Deve igualmente ser registrado que a força das mudanças ocorridas nos últimos anos, graças à expansão do Estado de Bem-Estar Social e do robustecimento dos direitos sociais, impulsionou alterações nas instituições de justiça, independente do sistema de governo e do sistema jurídico. A presença pública dessas instituições foi significativamente ampliada. O Judiciário teve alargada sua margem de atuação, respondendo a crescentes atribuições, tornando-se coparticipante das ações afirmativas. Nesse sentido, as diferenças entre os Judiciários, ainda que permaneçam expressivas, tornaram-se menores do que as existentes no passado.

É imperioso ainda acrescentar que o Judiciário não é o único canal de realização da justiça. Diversas instituições estatais e sociais também atuam no sentido de assegurar direitos. Entre as organizações públicas estatais têm papel importante o Ministério Público, as Defensorias Públicas, as Delegacias de Polícia. No rol de instituições sociais, sobressaem entidades que exercem a advocacia *pro bono*, igrejas e uma série de associações não governamentais voltadas tanto para a educação em direitos como para a pacificação social. Nos últimos tempos, houve uma significativa difusão de meios e de canais que buscam a garantia de direitos e de solução de conflitos a partir da composição e da mediação.

Para terminar, volto à deusa Têmis, que enfrentava no Olimpo o deus da guerra, Ares. Naquele embate, como hoje, duas armas se enfrentam: a violência, que destrói e vive da desigualdade, e a lei, que constrói e busca a igualdade.

SUGESTÕES DE LEITURA

BOBBIO, N. *A era dos direitos*. Rio de Janeiro: Campus, 1992.

CAPPELLETTI, Mauro; GARTH, Bryant. *Acesso à justiça*. Porto Alegre: Sergio Antonio Fabris, 1988.

____. Constitucionalismo moderno e o papel do Poder Judiciário na sociedade contemporânea. *Revista de Processo*, n. 60, out./dez. 1990, pp. 110-7.

CARVALHO, J. M. *Cidadania no Brasil*. O longo caminho. Rio de Janeiro: Civilização Brasileira, 2005.

____. Entre a liberdade dos antigos e a dos modernos: a República no Brasil. *Dados*, v. 32, n. 3, 1989.

MARSHALL, T. H. *Cidadania, classe social e status*. Rio de Janeiro: Zahar, 1967.

DESIGUALDADE E DIVERSIDADE: OS SENTIDOS CONTRÁRIOS DA AÇÃO

Antonio Sérgio Alfredo Guimarães

As sociedades modernas da Europa ocidental, ou dos continentes e espaços colonizados ou profundamente influenciados por ela, que hoje abrangem quase todo o globo terrestre, podem ser descritas sucintamente por alguns traços gerais: o Estado-nação, o capitalismo, a forma industrial de organização da produção; a convivência e sociabilidade urbanas; e os valores jurídicos constitucionais de liberdade e igualdade. Tais traços, por si sós, entretanto, não eliminaram seus contrários — solidariedades étnicas, formas pré-capitalistas de produção, a vida rural ou as hierarquias sociais. A novidade moderna consiste, antes, na rearticulação, em todos os planos, das formas e relações sociais antigas sob a égide desses novos traços.

Assim, no que diz respeito à organização social, as hierarquias, os privilégios, as deferências e os outros modos de expressão das desigualdades entre os seres humanos passaram, para serem aceitos, a depender de outras lógicas de construção e justificação. Tornaram-se, do mesmo modo, fontes permanentes de contestação, propiciadoras de lutas libertárias de emancipação e fermento de novas identidades sociais.

Como conciliar a igualdade e a liberdade jurídicas constitucionais das sociedades modernas com as desigualdades naturais entre os seres humanos? Todas as respostas dadas, seja no nível teórico, seja no nível prático, consistem em distinguir o indivíduo do coletivo, a desigualdade natural da social. Neste artigo, em vez de tentar um voo sobre reflexões filosóficas ou das ciências naturais, mantenho-me restrito ao âmbito das teorias sociológicas.

As desigualdades que interessam à sociologia — que conformam o seu objeto de pesquisa e de teorização — não são aquelas constituídas por diferenças individuais ou que se restringem à distribuição passageira de recursos e de bens materiais ou espirituais como consequência de ações individuais. São, ao contrário, aquelas que, por estarem inscritas numa dada estrutura, ordem ou organização sociais, se reproduzem de modo duradouro. Charles Tilly (1998) as chamou de *desi-*

gualdades duradouras, baseadas em pares de categorias binárias de oposição, sustentadas por mecanismos de reprodução tais como a *exploração*, as *barreiras de controle*, a *emulação* e a *adaptação*. Exemplos de pares categoriais que sustentam desigualdades sociais duradouras, ou seja, que se assentam sobre estruturas sociais que se reproduzem a partir dos mecanismos citados, são: branco/ negro; homem/ mulher; cristãos/ judeus; nacional/ estrangeiro; heterossexual/ homossexual etc.

Frise-se, mais uma vez, que, seguindo os valores modernos, toda desigualdade que se origine e que possa ser atribuída apenas ao desempenho individual diferencial é considerada legítima desde que não ameace os princípios de segurança e dignidade da vida humana. Assim, por exemplo, no pensamento liberal, as diferenças de classe são legítimas desde que o princípio de igualdade de oportunidades seja respeitado. Ou seja, desde que a distribuição de riquezas não possa ser atribuída a uma estrutura de oportunidades que restrinja as possibilidades de desempenho de indivíduos pertencentes a certos grupos ou inseridos em certas redes de relações sociais.

A justificativa para todas as lutas contestatórias da ordem social, no mundo moderno, pode ser reduzida, portanto, à argumentação de que mecanismos como *exploração* ou *barreiras de controle* deturpam ou neutralizam as políticas que visam garantir a igualdade de oportunidades e de tratamento. *Ações afirmativas*, por exemplo, são reivindicadas como modo de corrigir tais deturpações ou reequilibrar a igualdade através da criação de contrabarreiras, revoluções como modo de instituir ordens mais igualitárias que anulem a exploração ou as políticas de *diversidade* como maneiras de impedir que diferenças culturais sirvam para reproduzir categorias binárias de oposição.

Entre os que se opõem a tais lutas contestatórias, mas que reafirmam os valores modernos de igualdade e liberdade, duas estratégias alternativas são propostas. A primeira, que se baseia numa compreensão individualista das desigualdades sociais, consiste em propor mudanças das atitudes e das opiniões que nutrem estereótipos e preconceitos. Nessa concepção, os preconceitos orientam o comportamento humano, geram discriminações e tratamento desigual, dando origem às desigualdades sociais. A segunda, argumentando que ações afirmativas ou políticas de diversidade apenas reproduzem os mesmos pares binários categoriais usados na organização social das desigualdades, propõe que se elaborem políticas ou se busquem inovações organizacionais a partir de outros princípios — geralmente características individuais (renda) ou localizações geográficas (local de residência).

As nações modernas, do mesmo modo, procuraram, pela educação formal obrigatória, homogeneizar culturalmente os seus cidadãos, promovendo a sua unificação linguística, religiosa e de costumes, e criando direitos exclusivos, símbolos e rituais que os identificassem como membros de uma só nação. Muitas vezes, entretanto, as nações modernas tiveram que se adaptar a diferenças culturais ou de costumes persistentes, aceitando em seu seio, por exemplo, diferenças linguísticas, religiosas e mesmo raciais (como os Estados Unidos). A aceitação e o convívio pacífico, sob a égide dos mesmos direitos cidadãos, entre diferenças culturais ou comportamentos heterodoxos é o que passou a ser chamado de *diversidade*.

Mas a igualdade de tratamento não foi, do mesmo modo, principalmente no passado recente, garantida sem custos. Para que as desigualdades inevitáveis não se expressassem na esfera pública, os Estados modernos reservavam a expressão e a construção de diferenças culturais à esfera da vida privada (a família, as igrejas, os grupos secundários). Apenas grupos que se formassem em mercados teriam garantida sua expressão pública, tais como sindicatos e outras organizações de classe. Assim, a nação e suas classes (econômicas, sociais e políticas) seriam as únicas formas legítimas de pertenças identitárias na esfera pública.

Algumas exceções retumbantes a essa regra republicana talvez expliquem o seu afrouxamento ao longo do século passado e a emergência da diversidade enquanto valor democrático. A primeira delas é que a regra da igualdade não foi de início aplicada às mulheres, fazendo com que o sexo fosse considerado não apenas um fato natural, mas um fator de desigualdade natural. A segunda foi que os negros, principalmente na democracia americana, eram também tratados excepcionalmente enquanto raça, considerada um fato da natureza. A terceira, também fortemente presente nas nações democráticas do Ocidente, foi o fato de as religiões cristãs terem livre manifestação na vida pública, enquanto outras eram legalmente proibidas.

Talvez tenha sido a Grã-Bretanha a nação moderna que mais intensamente sentiu a tensão a que estava exposto o valor de igualdade democrática, derivado do pressuposto de unidade do gênero humano, tanto pela reação interna à homogeneidade por parte dos povos que a constituíram — ingleses, escoceses, galeses e irlandeses —, como pela grande diversidade das culturas e das características fisionômicas e genéticas dos povos sob o seu império. Pois foi exatamente nos domínios britânicos, também sob a influência da antropologia social, que a regra da homogeneidade cultural, política e social passou a ser substituída pela norma do respeito, e até mesmo do cultivo, da diversidade cultural, linguística, religiosa etc.

No momento atual, portanto, a norma da igualdade continua a balizar os valores das democracias ocidentais, mas apenas no plano dos direitos civis, sociais e econômicos, enquanto, no plano dos valores relativos a cultura e suas expressões, vige a norma do respeito à diversidade, contrariamente a qualquer tentativa estatal ou de qualquer grupo particular de impor homogeneidade. Consequentemente, o termo *desigualdade* passa a referir-se apenas à quebra da regra de igualdade de tratamento e de oportunidades na esfera pública, enquanto se usa o termo *diversidade* para se referir à expressão cultural, religiosa, linguística etc. de membros de grupos sociais, especialmente os de minoria política, social ou demográfica.

Os debates, no Brasil atual, sobre a política de reserva de vagas para negros, na maioria das universidades públicas, e para mulheres, nos partidos políticos, ou da reserva de terras para povos indígenas e quilombolas, são exemplos da atualidade das políticas de combate à desigualdade e de garantia da diversidade. No restante deste verbete, porém, vou me deter apenas no exame histórico do modo como, no Brasil, foram tratadas as desigualdades sociais entre brancos e negros.

Nem sempre prevaleceu no Brasil o entendimento de que as desigualdades eram fatos negativos e a diversidade um valor positivo. Schwarcz (1993), por exemplo, nos ensina que a desigualdade racial era, no Brasil do século XIX, o modo de justificar a exceção à norma de igualdade da sociedade senhorial, que, vale lembrar, não abarcava os escravos negros e, de modo geral, o populacho mestiço. Consequentemente, a homogeneidade cultural era considerada pelas elites necessária para a civilização brasileira. Na verdade, no século XIX e mesmo nos primeiros trinta anos do século XX, a cultura era ainda pensada como expressão singular de uma nação, não se admitindo o plural que a Antropologia Social iria posteriormente generalizar, tornando os negros, os indígenas, os ribeirinhos, os caboclos do interior etc. sujeitos de cultura.

O fato de que, juridicamente, o regime escravocrata brasileiro não negava ao liberto o estatuto da cidadania, apesar da diferença racial que marcava o seu estatuto anterior (não era permitida a escravidão de europeus ou indígenas), foi para os construtores da nação brasileira a cláusula pétrea da igualdade entre as raças. Em famosa passagem de *O abolicionismo*, Joaquim Nabuco (1883) lembra que o modo liberal pelo qual o Senado assentiu à elegibilidade dos libertos, isto é, ao apagamento do último vestígio de desigualdade da condição anterior, mostra que a cor no Brasil não é, como nos Estados Unidos, um preconceito social contra cuja obstinação pouco pode o caráter, o talento e o mérito de quem incorre nele.

Gilberto Freyre foi, da geração de intelectuais do pós-guerra, o que mais enfaticamente argumentou pela reconstrução da identidade nacional brasileira em torno dos ideais de homogeneidade cultural, racial e linguística, vendo na mestiçagem o seu principal promotor nos três planos já mencionados. As desigualdades raciais no Brasil, portanto, tenderam a ser vistas pelos sociólogos dos anos 1950 e 1960 como situações passageiras da perspectiva individual, ou apenas relativamente duradouras, da perspectiva estrutural, visto que dependeriam basicamente do avanço do nosso desenvolvimento econômico, ou do resultado dos conflitos das classes sociais (Fernandes, 1965).

Foi principalmente na geração seguinte, já no final dos anos 1970, que se generalizou em nossa sociologia o argumento de que as desigualdades de renda e de bem-estar entre os autodeclarados brancos e negros podiam ser explicadas pela operação de mecanismos de exploração e de barreiras de oportunidades — isto é, que existiam vínculos causais ligando a pobreza da maioria dos negros à riqueza e ao bem-estar da maioria dos brancos, e que a fortuna do Brasil moderno representada pelos imigrantes europeus se devia, em grande parte, a barreiras e reservas no mercado de trabalho, construídas por eles e reforçadas pela ideologia racial brasileira. A reconstrução democrática dos anos 1980 e 1990 assistiu, também, ao ressurgimento de novos movimentos sociais negros que recusaram o ideal de democracia racial abraçado pela geração anterior, acusando-o de ser um modo de acomodação inaceitável, visto que impedia o avanço de políticas antirracistas mais eficazes. A reconstrução da identidade racial negra, a recriação de símbolos e valores culturais étnicos, a defesa da diversidade cultural dos negros e o seu direito a políticas públicas diferenciadas têm servido de bandeira a esses movimentos. O mais importante, contudo, é que tais movimentos e reivindicações encontraram ambientes políticos interno e externo favoráveis ao amadurecimento de suas demandas. Internamente, contou, em primeiro lugar, com a solidariedade de outros movimentos sociais de minorias, tais como os movimentos de mulheres, de indígenas, de homossexuais, de moradores de periferia, dos sem-terra etc.; em segundo lugar, com a apatia ou lentidão governamental para responder a tais demandas. Apenas neste século XXI o governo federal brasileiro, por exemplo, tem construído políticas sociais eficazes de combate às desigualdades. Externamente, o paradigma de respeito à diversidade cultural acabou por firmar-se internacionalmente como o mais eficiente para a acomodação da realidade atual de intensa imigração internacional de mão de obra e de ausência de direitos de cidadania que defendam minimamente a humanidade desses imigrantes.

É justamente porque, no mundo atual, os conflitos redistributivos têm se travestido em exclusão social dos imigrantes, e a diferença cultural, principalmente religiosa e linguística, tem encontrado resistências nacionalistas, que o ideal de modernidade tem se cristalizado em torno do combate às desigualdades sociais e no reconhecimento da diversidade étnica, racial, religiosa, linguística, sexual etc. dos grupos sociais que compõem as nações modernas.

SUGESTÕES DE LEITURA

FERNANDES, Florestan. *A integração do negro na sociedade de classes*. São Paulo: Dominus, 1965.

HASENBALG, Carlos. *Discriminação e desigualdades raciais no Brasil*. Rio de Janeiro: Graal, 1979.

NABUCO, Joaquim. *O abolicionismo*. Londres: Abraham Kingdon, 1883.

NOGUEIRA, Oracy. *Preconceito de marca*: as relações raciais em Itapetininga. São Paulo: Edusp, 1998.

SCHWARCZ, Lilia Moritz. *O espetáculo das raças*: cientistas, instituições e questões raciais no Brasil (1870-1930). São Paulo: Companhia das Letras, 1993.

TILLY, Charles. *Durable inequality*. Berkeley: University of California Press, 1998.

PÚBLICO E PRIVADO NO PENSAMENTO SOCIAL BRASILEIRO

André Botelho

SR. VISITANTE
IDENTIFIQUE-SE

O baralhamento entre público e privado como marca da sociedade, do Estado e da cultura política formados no Brasil desde a colonização portuguesa constitui uma das construções intelectuais mais recorrentes no seu pensamento social. E também um dos problemas mais tenazes para a plena realização da democracia entre nós. Afinal, em sua acepção clássica, inventada na antiga cidade-estado grega, legada à filosofia política e às modernas ciências sociais, público e privado formam uma relação de distinção antes que de continuidade: são não apenas espaços sociais distintos com fronteiras normativamente delimitadas, nos quais, porém, nos inscrevemos ao mesmo tempo como atores sociais, mas também pressupõem valores e práticas próprios e, portanto, diferentes de orientação das condutas e de organização social. Nessa acepção, sempre atualizada historicamente, o público tem sido associado a princípios impessoais e universais considerados como garantidores de que direitos e deveres sejam válidos para todos; e o privado, por sua vez, a princípios particularistas, referidos às relações nas quais valemos integralmente como pessoas singulares e não em função de papéis sociais que desempenhamos, por exemplo o de cidadãos na esfera pública.

No pensamento brasileiro, o privado tem sido geralmente identificado aos círculos primários, sobretudo à família de matriz patriarcal, e esta como a agência principal de coordenação da vida social, através de cuja práxis o privado foi se estendendo ao público, identificado ao Estado, modificando-lhe o sentido quiçá originalmente pretendido. Daí que essa relação implique não apenas uma circunscrição preponderante da identidade e da ação coletivas aos círculos primários, mas também a sugestão de que, quando esses círculos são ultrapassados em direção a uma esfera de vida pública, essa passagem comumente não se faz acompanhar por formas de orientação da conduta distintas daquelas próprias à esfera de vida privada. Nesse sentido, a fluidez das fronteiras entre público e privado ao mesmo tempo permite e se alimenta de um conjunto muito diferente de situações concretas. Como políticas públicas que expressam antes interesses particulares, ou que podem assim ser apropriadas, para não falar de políticos e servidores que se beneficiam ilicitamente dos meios da administração pública, até os aparentemente ingênuos atos de "furar" uma fila ou de recorrer a um "pistolão" bem-posto numa repartição qualquer. É claro que essas são situações extremamente diferentes e também desiguais em suas consequências e graus de responsabilidade. Mas elas, e outros exemplos que o próprio leitor é capaz de mobilizar, exprimem, em comum, um conjunto de práticas e de valores que dão significado à vida coletiva, revelando pressupostos nos quais os atores baseiam seu comportamento cotidiano em relação às instituições e à vida política.

Por tudo isso, mais do que uma simples mistura, talvez seja mesmo mais adequado falar numa sobreposição do privado sobre o público. É certo, no entanto, que a tese da hipertrofia do privado (e da atrofia do público) na formação da sociedade brasileira não se coloca da mesma maneira em diferentes correntes ou tradições intelectuais do pensamento social. E igualmente importante: não assume o mesmo sentido político, como exemplificam os casos de Sérgio Buarque de Holanda, de um lado, que recusa qualquer saída autoritária para o problema tal como prescrita, de outro lado, por Oliveira Vianna. Mas, na verdade mesmo, ela sequer aparece exatamente como um problema a ser superado por meio do fortalecimento democrático ou autoritário do público ante o privado para todos os intérpretes clássicos do Brasil, embora o seja para a maioria deles. Comecemos, então, pela mais notória exceção: Gilberto Freyre.

Em *Casa-grande & senzala* (1933), embora identifique a hipertrofia do privado, Freyre argumenta a favor do equilíbrio operado, também a esse respeito, pela família patriarcal na vida social brasileira, que, desse modo, acabou por tornar não apenas exótica a noção ocidental de indivíduo, como adjetivo o papel do Estado na sua formação. Situação sem dúvida abalada a partir da transferência da corte portuguesa para o Rio de Janeiro, discutida em *Sobrados e mucambos* (1936), como o marco decisivo de reorientação da vida social no sentido da sua modernização/ocidentalização. Processo que também se fez acompanhar, no plano político, pelo progressivo declínio do poder privado, representado pelo patriarca, diante do progressivo aumento do poder político público. Todavia, como a decadência do patriarcado rural não implicou o desaparecimento total do seu poder, também a interpenetração entre público e privado não é rompida, ainda que as relações entre esses domínios tenham se alterado mediante o peso relativo que as instituições públicas passaram a assumir. É por isso que a ascensão social do bacharel (e do mulato) e sua inserção na vida pública estiveram condicionadas a suas relações tradicionais com a família patriarcal. Não por acaso, eles são os personagens-síntese de um processo de mudança social que não se processa através de rupturas, mas por meio de acomodações, como a que garantiu a sua inserção no Estado, que, originalmente, havia se organizado para contrapor-se ao poder privado. A minimização por parte de Freyre das consequências da hipertrofia do privado na definição da modernidade está associada, contudo, não apenas à perspectiva positiva que manifesta em relação à ordem social tradicional fundada na família patriarcal, como ainda ao fato de não enfrentar diretamente a questão das instituições políticas na configuração da democracia, limitando-se a defender a superioridade da "democracia social" atingida justamente com a concorrência também daquela mistura.

Não é esse o caso nem de Sérgio Buarque de Holanda nem de Oliveira Vianna, a despeito das suas posições contrastantes quanto às possibilidades da democracia no Brasil e aos meios de sua instauração. Em *Populações meridionais do Brasil* (1920), Vianna identifica a origem da hipertrofia do privado nas formas sociais assumidas pela propriedade fundiária no Brasil desde a colonização portuguesa, especialmente sua desmedida amplitude, dispersão pelo território e feição autonômica, fatores que teriam concorrido para uma "simplificação" da estrutura social global da sociedade, dificultando a dinamização do comércio, da indústria e dos núcleos urbanos. Sem ter quem lhes contestasse efetivamente o poder, os "clãs rurais" configurados nos latifúndios abriam espaços no incipiente domínio público da sociedade brasileira para formular e promover programas que expressassem seus interesses particulares. Mecanismo designado de "anarquia branca" e que expressa a capacidade de apropriação privada das instituições públicas, o que acaba por distorcer e redefinir-lhe o sentido, demonstrado no ensaio em relação à justiça, ao recrutamento militar e às corporações municipais. Nessas condições, a fragilidade e a parcialidade a que as instituições públicas estavam sujeitas estimulavam os diferentes grupos sociais subalternos a se refugiarem sob o poder tutelar dos clãs rurais. Seria, pois, em face dessa situação que se faria urgente reorganizar, fortalecer e centralizar o Estado, único ator considerado como dotado dessas características, capaz de enfraquecer politicamente as oligarquias agrárias e sua ação corruptora das liberdades públicas e, desse modo, corrigindo os defeitos da nossa formação social, conferir novos nexos e rumos institucionais à sociedade brasileira.

Outra é a perspectiva de *Raízes do Brasil* (1936). Embora também reconheça a hipertrofia do privado, Sérgio Buarque não apenas nega qualquer gradiente entre este e o público, como propõe Freyre, mas ainda recusa a ideia defendida por Vianna de que a centralização do Estado constituiria condição para o fortalecimento do público. A precedência do privado em relação ao público é entendida em seu caso, fundamentalmente, nos termos de um legado cultural da colonização portuguesa, como expressa a discussão sobre a "cordialidade" enquanto atualização da "cultura da personalidade" dos ibéricos. Daí a referência a *Antígona*, tragédia grega de Sófocles que Buarque recupera, através de uma leitura bastante pessoal, para iluminar a necessária disjunção entre família e Estado. E, consequentemente, para acentuar o caráter problemático da "cordialidade" como forma de sociabilidade que transpunha para o público os valores, as paixões e as práticas particularistas próprios ao mundo privado. Uma possível "solução" para o dilema fica em suspenso, a não ser que as próprias mudanças prometidas pela urbanização finalmente cumprissem com o seu desígnio de uma maior racionalização da vida social. E embora reconheça a fragilidade do caminho societário de construção da cidadania democrática no interior da cultura política pessoalizada brasileira, Buarque sustenta que nem por isso ele seria menos necessário e adequado, ainda que também não deixasse de ser ambíguo. Mesmo não sendo o caso de desenvolver aqui a questão, cabe registrar que as diferentes perspectivas de Vianna, Freyre e Buarque se relacionam de várias formas aos seus respectivos contextos históricos.

Mas como a formação social brasileira constitui processo de longa duração, a atrofia do público e a hipertrofia do privado voltaram a incomodar e a estimular outras gerações intelectuais posteriores. Foi o caso de um conjunto de pesquisas da sociologia política desenvolvido entre as décadas de 1940 e 1970 sobre fenômenos como dominação pessoal, coronelismo, parentelas, clãs eleitorais, favor etc., que se mostravam persistentes mesmo após a transição do rural ao urbano. Ao mesmo tempo, contudo, essas pesquisas acabam por reorientar o interesse de análise para as formas históricas, concretas e contingentes da articulação entre público e privado, apontando, por isso, as impropriedades de uma concepção dualista sobre aquela relação, como identificavam nos ensaios de interpretação do Brasil. Por exemplo, em *Coronelismo, enxada e voto* (1949), Victor Nunes Leal mostra que na Primeira República (1889-1930) o privado não se sobrepunha inteiramente ao público, nem esses princípios diferentes de coordenação social se encontrariam numa relação de oposição; mas, antes, que o coronelismo supõe um compromisso entre um poder privado decadente e um poder público progressivamente fortalecido numa relação de interdependência, no sentido de que nenhum dos dois isoladamente consegue determinar o processo político na base dos seus valores ou interesses específicos. Maria Isaura Pereira de Queiroz, por sua vez, sobretudo com base em trabalhos de campo realizados nos sertões baianos na década de 1950, busca evidenciar as possibilidades e limites da ação individual no interior da estrutura da dominação política do coronelismo, por mais diversas que essas fossem, como faz questão de acentuar. O uso do voto como "posse" para uma barganha política na estrutura coronelística, expressa em suas pesquisas como relações de dominação política constituídas entre o privado e o público, pode produzir comportamentos em indivíduos e grupos sociais, e não apenas restringir e controlar o escopo de suas ações.

Sem subestimar a particular relação histórica entre público e privado, e os problemas nela envolvidos, essas e outras pesquisas do período mostram que a sociedade brasileira não estava em suspenso à espera de resoluções para, enfim, se modernizar, mas tampouco concluem que aquela relação seria sem consequências para a vida política, em geral, e para a democracia, em particular. Assim, apontam para uma caracterização da dominação política como relações diretas, pessoalizadas e violentas, cujas bases sociais estariam em redes de reciprocidades assimétricas entre os diferentes atores e grupos sociais. Envolvendo bens materiais e imateriais, controle de cargos públicos, votos, recursos financeiros, prestígio, reconhecimento de autoridade legal ou não, tais relações pessoalizadas, fundadas na estratificação social brasileira, definiriam nossa vida política em toda a sua complexidade, da aquisição à distribuição do poder, da sua organização ao seu exercício.

Como mostra, por exemplo, a análise de Maria Sylvia de Carvalho Franco sobre a "dominação pessoal" em *Homens livres na ordem escravocrata* (1969), diluindo as fronteiras entre público e privado, o favor sujeita os homens pobres negando o reconhecimento de sua condição de portadores de direitos. Sucedâneo e princípio negador dos *direitos*, que para serem universalmente reconhecidos e sancionados exigem ordem e condutas públicas, numa ordem pessoalizada/privatizada, o favor assume o status de mediador quase universal das relações sociais — como indica a análise de Roberto Schwarz dos romances de Machado de Assis.

Não obstante os avanços democráticos das últimas décadas, porém, a diferenciação entre público e privado parece não estar se consolidando na sociedade brasileira. Os padrões de sociabilidade do passado, codificados nas ideias de "espírito de clã" de Oliveira Vianna ou de "cordialidade" de Sérgio Buarque, por exemplo, têm se mostrado tenazes em meio às mudanças decorrentes da rápida urbanização, do processo acelerado de industrialização e da secularização da cultura. E ainda que possam inexistir condições para se atingirem exclusivamente formas civis de "solidariedade social", os padrões de vida associativa e de identidade coletiva parecem presos aos círculos privados. Ou ao menos esses últimos podem sempre ser acionados, configurando uma acomodação do modelo igualitarista (impessoal) ao hierárquico (pessoalizado), o que, feitas as contas, não deixa de expressar resistência à universalidade e à impessoalidade da cidadania democrática.

É justamente o que expressa a forma ritualística "você sabe com quem está falando?", estudada por Roberto DaMatta. Mobilizada em situações em que uma pessoa se acha "diminuída" ou tratada "sem consideração" por algum representante da ordem legal, ela demarca posições, transformando um cidadão desconhecido em pessoa detentora de cargo importante ou nome de família, que se arroga o direito de tratamento especial. Além disso, desnuda o "elo não resolvido" entre a igualdade postulada pela ordem impessoal e as hierarquias que dão sentido às práticas cotidianas na ordem pessoalizada. Afinal, se a lei nos reconhece enquanto indivíduos, pois perante a legislação moderna somos sujeitos integrais e indivisos, portadores de direitos supostamente universais, as normas não escritas da moralidade pessoal nos reconhecem como pessoas singulares que ocupam somente uma posição numa rede hierárquica de relações privadas, fundada em favores e privilégios.

Se a nossa democracia não existe sem as instituições consolidadas na Constituição de 1988, cognominada "Cidadã", também não se encerra ordeiramente nelas, já que as próprias instituições não existem para além dos sentimentos, crenças e práticas sociais que ordenam e dão significados à vida política. Por isso mesmo, não se trata de corroborar uma visão do baralhamento entre público e privado como problema imutável, como se constituísse uma essência dos brasileiros, ou um impasse intransponível à consolidação da democracia entre nós. Mas a tenacidade histórica dessa particular relação tampouco permite concluir que ela seja sem consequências para a democracia, não apenas do ponto de vista formal da existência de instituições democráticas, mas também das formas sociais de sua organização, exercício e realização no dia a dia.

É claro que sem uma visão integrada do movimento geral da sociedade fica difícil especificar como as instituições democráticas se enraízam ou não através da socialização dos atores, e também como os sentidos dessa socialização são afetados e podem alterar as próprias instituições. E esse é um desafio intelectual central do nosso tempo. Sobretudo tendo em vista que se, de um lado, a "sociedade civil" vem sendo reapresentada como uma esfera capaz de sustentar uma vida pública para além dos mundos da economia e do Estado, de outro, a combinação entre o modelo de cidadania historicamente institucionalizado no Brasil (definido mais pela autoridade que pela solidariedade) e as persistentes desigualdades da sua estrutura social parece estar se mostrando potente o suficiente para manter a esfera pública estreita e a participação democrática reduzida na atualidade. E a participação cívica é componente fundamental da democracia, responsável pela sua expansão e consolidação. Não sabemos se conseguiremos alcançar um novo equilíbrio, ainda que delicado, entre sentimentos e práticas de solidariedade civil e paixões e lealdades particularistas, ou simplesmente entre público e privado. Mas esse também é um desafio político central do nosso tempo.

SUGESTÕES DE LEITURA

BOTELHO, André. Sequências de uma sociologia política brasileira. *Dados*, Rio de Janeiro, Iuperj, v. 50, n. 1, 2007, pp. 49-82.

CARVALHO, José Murilo de. *Cidadania no Brasil*: o longo caminho. Rio de Janeiro: Civilização Brasileira, 2004.

GOMES, Ângela de Castro. A política brasileira em busca da modernidade: na fronteira entre o público e o privado. In: SCHWARCZ, Lilia Moritz (Org.). *História da vida privada no Brasil*. São Paulo: Companhia das Letras, 1998. vol. IV, pp. 489-558.

REIS, Elisa Pereira. Desigualdade e solidariedade: uma releitura do "familismo amoral" de Banfield. In: ____. *Processos e escolhas*. Estudos de sociologia política. Rio de Janeiro: Contra Capa, 1998. pp. 111-36.

RELIGIÕES NO BRASIL

Antônio Flávio Pierucci

Três em cada quatro brasileiros se consideram católicos. Pelas contas do Censo 2000, para uma população total de 170 milhões de habitantes o Brasil entra no século XXI com 125 milhões de católicos declarados. Em números exatos: num total de 169 799 170 brasileiros, o Censo encontrou 124 976 912 católicos, praticamente três quartos (74%) da população residente total.

Quer dizer que no início do terceiro milênio ainda é possível a este país, o maior e mais populoso da "América católica", continuar ostentando com fundamento em dados estatísticos cientificamente controlados e religiosamente isentos sua histórica posição de nação com hegemonia católica, que um dia lhe valeu o desgastado título que o aclama como "o maior país católico do mundo". Tradicionalmente autoaplicado por seus habitantes em conotações que, a bem da verdade, sofrem polarizações e inflexões de toda espécie e grau, que vão do contentamento envaidecido sem ressalvas ao lamento aborrecido sem reservas, a plausibilidade deste superlativo identitário — "o maior país católico do mundo" — pode estar com os dias contados.

Não obstante a permanência ininterrupta da enorme desigualdade em tamanho e estatura das religiões no Brasil, não é mais possível, nos dias que correm, desconhecer que a sociedade brasileira está passando por um processo de transição religiosa que é notório. Visível a olho nu. Mas não só, uma vez que se trata de um processo que tem sido há décadas acompanhado atentamente, e comprovado a frio reiteradamente, pelas estatísticas censitárias. Esse lento vir a ser, ao mesmo tempo matemático e falastrão, vai pouco a pouco desfigurando nosso velho semblante cultural com a introdução gradual, mas nem por isso menos corrosiva, de estranhamentos e distâncias, descontinuidades e respiros no batido ramerrão do imaginário religioso nacional. Com efeito, hoje se assiste em nosso país a um vigoroso movimento de *transição demográfico-religiosa* que já assumiu a forma de progressiva migração de contingentes católicos para outras religiões. Ou mesmo para *nenhuma*, como atesta o formidável crescimento da porção de brasileiros que se declaram sem religião. Pouquíssimos que eram até 1980, quando representavam só 1,6% da população, em 2000 os sem religião saltam para 7,3%, exibindo-se com um número absoluto superior a 12,3 milhões (ver tabelas 1 e 2).

Aumenta a migração religiosa? Isso pressupõe liberdade de escolha religiosa. Que por sua vez redunda em expansão, ou quando menos em reforço, da diversidade religiosa. Interessante indicador numérico da multiplicação dessa diversidade no Brasil veio à tona justamente numa publicação do IBGE destinada a apresentar e comentar o Censo 2000. Ali se conta que, à pergunta única e aberta "qual é sua religião?", os recenseadores obtiveram nada menos que 35 mil respostas diferentes. É religião que não acaba mais. Variedade religiosa assim tão copiosamente professada ante agentes de controle credenciados pelo poder público não deixa de aparecer como um claro sinal da largueza com que a liberdade de crença e culto é atualmente experimentada em nosso país. Mas devagar com o andor!

Livre concorrência religiosa foi para onde acabou tendendo, na modernidade avançada, o direito à liberdade religiosa enquanto atividade e exercício isentos da regulação do Estado, o qual se faz laico por deliberação. Não foi desde a primeira hora de sua colonização que o Brasil gozou de liberdade de crença (e descrença), muito menos de uma liberdade religiosa tão grande como esta de que hoje goza e se reapresenta pleiteada vocalmente como condição sine qua non de um civilizado convívio entre os religiosamente adversários, ou ressignificada como diversidade cultural a se preservar tanto quanto cumpre preservar a nossa biodiversidade. Hoje no Brasil a diversidade religiosa está sendo revalorizada não só como consequência, mas também e ao mesmo tempo como causa, mola propulsora de uma liberdade religiosa cada vez mais sustentada, afirmativamente reclamada e defendida. Do ponto de vista do título deste verbete, eis aí um relato curto e objetivamente possível de nossa história republicana, história de cuja breve duração, de pouco mais de um século, é possível dizer que tem a mesma extensão da história da vigência formal do estatuto da liberdade religiosa entre nós. Ela vem desde o grande momentum secularizador que em 1891, ao se alojar em nossa primeira Constituição republicana, dali de dentro do núcleo formal do Estado desalojou a Igreja.

Cento e poucos anos depois, nunca se viu tanta liberdade religiosa no Brasil como se vê agora. Nunca os profissionais das diferentes religiões se sentiram tão livres, tão à vontade como agora para lutar entre si por todos os meios e a todo momento, a fim de assegurar a reprodução ampliada de suas respectivas igrejas ou comunidades congregacionais. O objetivo de quase todos eles parece ser só um: suas igrejas precisam crescer. Repete-se então no campo religioso brasileiro o que sempre e em toda parte é a consequência de um tal processo de liberalização concorrencial: quem não sobe, desce. Quem não cresce, encolhe. A urgência é tal, que o que mais importa aos profissionais religiosos é converter: "ou converter ou converter!". Ocorre porém que para angariar seguidores uma religião precisa subtrair seguidores... das outras. Converter implica, no fim das contas, "infidelizar" os "fiéis" das religiões concorrentes. Crescer e se propagar significa, para as religiões de conversão, atacar e predar, e o alvo mais imediato e rentável dessa guerra de guerrilha é sempre a religião majoritária — no caso brasileiro, a Igreja católica.

Se assim é, não deixa de ser intrigante observar pela tabela 1 que em termos proporcionais os católicos apareçam no Censo 2000 abarcando ainda três quartos da população total: 74%. No censo de 1991, contudo, sua fatia era bem maior, de 83%, como era maior no recenseamento da década anterior e assim por diante, a taxa de católicos mostrando-se maior à medida que percorremos ao inverso a tabela 1 até os 95,2% cravados pelo catolicismo no Censo de 1940. Já vai longe o tempo em que se declaravam católicos mais de nove entre dez brasileiros. De 1940 para 2000, a taxa nacional de católicos decresceu de 95% para 74%. Seu declínio demográfico é de tal forma escarpado e constante que parece impor-se ao catolicismo brasileiro como um destino inexorável.

TABELA 1

Religiões do Brasil de 1940 a 2000, em porcentagem

Religião	1940	1950	1960	1970	1980	1991	2000
CATÓLICOS	95,2	93,7	93,1	91,1	89,2	83,3	73,8
EVANGÉLICOS	2,6	3,4	4,0	5,8	6,6	9,0	15,4
OUTRAS RELIGIÕES	1,9	2,4	2,4	2,3	2,5	2,9	3,5
SEM RELIGIÃO	0,2	0,5	0,5	0,8	1,6	4,8	7,3
TOTAL (*)	100,0	100,0	100,0	100,0	100,0	100,0	100,0

(*) Não inclui religião não declarada e não determinada.
Fonte: IBGE, Censos demográficos.

Os beneficiários principais do prosseguimento desse processo de transição religiosa em que se acelera o declínio católico são os evangélicos. *Em tempo*: diferentemente do que ocorre nos Estados Unidos, no Brasil o termo "evangélicos" é usado como sinônimo pleno de "protestantes". Isso desde a chegada do luteranismo, em 1824, o qual adotou o nome de "Igreja *Evangélica* de Confissão Luterana no Brasil". Neste país, portanto, evangélico é o nome genérico de um grosso agregado religioso que abarca todas as igrejas do protestantismo histórico (luteranos, presbiterianos, anglicanos, batistas, metodistas, adventistas, menonitas etc.) mais as igrejas pentecostais, sejam as pentecostais estilo convencional (Congregação Cristã no Brasil, Assembleia de Deus, Evangelho Quadrangular, Deus é Amor, O Brasil para Cristo etc.), sejam as neopentecostais, como são classificadas no Brasil (Universal do Reino de Deus, Internacional da Graça de Deus, Mundial do Poder de Deus, Renascer, Sara Nossa Terra etc.).

TABELA 2

As religiões do Brasil em 2000 em número absoluto e porcentagem

Religião	Número absoluto	%
BRASIL (*)	169411759	100,0
CATÓLICOS ROMANOS	124976912	73,77
EVANGÉLICOS	26166930	15,44
PENTECOSTAIS	17689862	10,43
SEM RELIGIÃO	12330101	7,28
PROTESTANTES HISTÓRICOS	7159383	4,23
ESPÍRITAS	2337432	1,38
DE OUTRAS RELIGIOSIDADES	1978633	1,17
OUTROS EVANGÉLICOS	1317685	0,78
AFRO-BRASILEIROS	571329	0,34
UMBANDA	432001	0,26
DECLARAÇÃO MÚLTIPLA	382489	0,23
BUDISTAS	24587	0,15
DE OUTRAS ORIENTAIS	181579	0,11
CANDOMBLÉ	139328	0,08
JUDEUS	101062	0,06
ESOTÉRICOS	67288	0,04
ESPIRITUALISTAS	39840	0,02
MUÇULMANOS	18592	0,01
DE TRADIÇÕES INDÍGENAS	10723	0,01
HINDUÍSTAS	2979	0,00

* Não inclui 387411 casos de religião não declarada, que correspondem a 0,23% da população total, que é de 169799170 habitantes.

Foi nos últimos vinte anos do século XX que as taxas de crescimento do conjunto dos evangélicos mais subiram (tabela 1). E foi durante os anos 1990 que eles atingiram um crescimento de fato extraordinário; no intervalo de uma década cresceram a uma taxa próxima de 100%. Ou seja, dobraram de tamanho, saltando de 13 para 26 milhões. Se se ajusta mais o foco para observar por dentro o avantajado crescimento evangélico, vai-se constatar que o verdadeiro protagonista dessa admirável expansão do protestantismo ou, dito pelo avesso, o principal agente acelerador do declínio católico é o movimento pentecostal. Desde a década de 1980, quando passam a gozar de maior visibilidade pública, mais tempo no rádio e na TV, mais poder político partidário e representação parlamentar, os pentecostais dobram de tamanho a cada decênio: eram 3,9 milhões em 1980, 8,8 milhões em 1991 e 17,7 milhões em 2000. Apesar da existência de centenas de denominações pentecostais pequenas e médias, pelo Censo 2000 são quatro as que congregam mais de 1 milhão de adeptos cada uma: Assembleia de Deus (8,4 milhões), Congregação Cristã no Brasil (2,4 milhões), Universal do Reino de Deus (2,1 milhões) e Evangelho Quadrangular (1,3 milhão).

Tornados minoritários no campo evangélico, os protestantes históricos saltam de 4,4 milhões em 1991 para 8,5 milhões no Censo 2000. Crescem bem. Menos que os pentecostais, é verdade, porém no conjunto aparecem recuperando taxas mais altas de crescimento. As cinco maiores denominações concentram 80% dos protestantes históricos: os batistas são 3,1 milhões; os adventistas, 1,2 milhão; os luteranos, 1 milhão; os presbiterianos, 981 mil; e os metodistas, 341 mil.

A significação cultural mais promissora desse consistente crescimento evangélico pode estar no fato de que ele torna definitivo, isto é, sem volta, o processo de pluralização do campo religioso brasileiro. A presença protestante cada vez mais contundente no cenário religioso brasileiro, bem como sua participação ostensiva na esfera pública (tanto política quanto midiática), foram fatores decisivos na proeza, para todos os efeitos *histórica*, de pôr em xeque pela primeira vez, mas já de forma categórica e inapelável, a tradicional associação entre catolicismo e identidade nacional. Contabilizando os que se declaram católicos numericamente em queda e os que se declaram evangélicos em franca ascensão numérica, o Censo 2000 parece ter capturado quantitativamente, no limiar do terceiro milênio, esse movimento progressivo de equilibração demográfica entre os dois maiores grupos religiosos do Brasil atual. Eis, desenhado em traços firmes para o Brasil que vem, um croqui identitário que é novo e diferente, embora se mantenha 90% cristão.

Outro grupo religioso que há tempos aparece crescendo no Brasil, e continua a crescer, é o dos adeptos do espiritismo kardecista. Com seus 2,3 milhões de adeptos segundo o Censo 2000, o kardecismo, também conhecido como "espiritismo de mesa branca", ocupa com porte bastante considerável a quarta posição no ranking nacional de grupos religiosos. Os kardecistas — muitos dos quais, vale frisar, se dizem cristãos de pleno direito — crescem entre os citadinos de escolaridade elevada e alta renda.

Em suma, crescem os espíritas, os sem religião e os evangélicos, principalmente os pentecostais. Do ponto de vista do catolicismo, uma verdadeira sangria de desfiliações por livre escolha, de apostasias eletivas, cujo fluxo vem se tornando e se mostrando, a partir das duas últimas décadas do século XX, sempre mais maciço no volume e acelerado no passo. Nisso pode estar contida, notar bem, uma demonstração de que no Brasil já se alcança aquele moderníssimo patamar de fruição de fato do direito constitucional à liberdade religiosa, que em jargão emprestado da economia podemos chamar de livre concorrência religiosa ou, vendo a coisa pelo outro lado, de superação de toda uma era de monopólio católico.

Enquanto isso... o conjunto das religiões afro-brasileiras, composto por umbanda, candomblé e suas variantes regionais, registra, ao lado do catolicismo, declínio numérico. Porém, nesse caso, com efeitos ainda mais perversos, visto se tratar de grupos religiosos numericamente pequenos. Pois bem, os brasileiros que se declaram adeptos das religiões de matriz africana estão diminuindo mais ainda. Em números absolutos, caem de 678 714 adeptos em 1980 para 571 329 em 2000; em números relativos, de 0,6% em 1980 para 0,3% em 2000. Na ponta do lápis, os números censitários apontam com toda clareza e frieza para os filiados aos grupos religiosos afro-brasileiros — os quais, por definição, já são de tamanho pequeno: "famílias de santo" —, que nos últimos vinte anos vêm se reduzindo mais ainda. Sofrem evasão e abandono, sufocados em suas bases sociais pelo colossal crescimento pentecostal e diuturnamente atacados em suas práticas rituais pela ira bíblica do discurso neopentecostal de hostilidade explícita à "feitiçaria" e aos "feiticeiros".

Isto pode parecer incrível, mas é real: no campo religioso brasileiro, o segmento das religiões consideradas "brasileiríssimas" também se encontra em declínio. Verdadeiro desmatamento com risco de extinção de uma parcela substancial da nossa biodiversidade religiosa de raiz genuinamente popular.

SUGESTÕES DE LEITURA

CAMARGO, Candido Procopio Ferreira de. *Católicos, protestantes, espíritas*. Petrópolis: Vozes, 1973.

CAMPOS, Leonildo Silveira. *Teatro, templo e mercado*: organização e marketing de um empreendimento neopentecostal. Petrópolis: Vozes, 1997.

FRESTON, Paul (Org.). *Evangelical Christianity and democracy in Latin America*. Nova York: Oxford University Press, 2008.

MARIANO, Ricardo. *Neopentecostais*: sociologia do novo pentecostalismo no Brasil. São Paulo: Loyola, 1999.

PRANDI, Reginaldo. *Segredos guardados*: orixás na alma brasileira. São Paulo: Companhia das Letras, 2005.

TEIXEIRA, Faustino; MENEZES, Renata (Orgs.). *Catolicismo plural*: dinâmicas contemporâneas. Petrópolis: Vozes, 2009.

VIOLÊNCIA E CRIME: SOB O DOMÍNIO DO MEDO NA SOCIEDADE BRASILEIRA

Sergio Adorno

+ QUEM VIVE
+ GUERRA A
PAZ NUNCA
EXISTIU
CV

A palavra *violência* tem origem no verbo latino *violare*, que significa tratar com violência, profanar, transgredir. Faz referência ao termo *vis*: força, vigor, potência, violência, emprego de força física em intensidade, qualidade, essência. Na tradição clássica greco-romana, violência significava o desvio, pelo emprego de força externa, do curso "natural" das coisas. Hoje, o termo é empregado de modo polissêmico. Designa fatos e ações humanas que se opõem, questionam ou perturbam a paz ou a ordem social reconhecida como legítima. Seu uso corrente compreende o emprego de força brutal, desmedida, que não respeita limites ou regras convencionadas.

Seus múltiplos significados gravitam em torno do universo de valores que constitui o "sagrado" para determinado grupo social. Por exemplo, na civilização ocidental moderna o direito à vida é considerado universal a despeito do modo como diferentes culturas o respeitam e o garantem para pessoas pertencentes a distintos grupos sociais.

Crime, por sua vez, é a violência codificada nas leis penais. É parte do repertório de ações violentas. Dado que as sociedades se transformam no tempo e no espaço, muitas ações hoje reconhecidas como violentas não estavam até há pouco reconhecidas como crime nas legislações penais, como, por exemplo, a violência nas relações de gênero. Do mesmo modo, certos comportamentos eivados de preconceitos contra grupos determinados — negros, migrantes, mulheres, pobres, homossexuais — dificilmente são caracterizados como crimes. Compreendem violência simbólica, pois agridem valores culturais relativos ao respeito mútuo e à dignidade das pessoas.

Os efeitos da violência produzem danos à integridade física, psíquica, moral, aos bens materiais e simbólicos. Resultam em dor e sofrimento impostos por uns contra outros. Por isso, compreendem tanto dimensões objetivas — a morte de alguém, a perda de um direito, restrições à livre circulação inclusive de ideias — quanto experiências subjetivas.

Sob essa perspectiva, atos violentos estão referidos ao mundo das percepções coletivas e das representações. Ora a violência aparece como caos e desordem normativa, ora como transgressão aos valores considerados "sagrados", como a inviolabilidade do domicílio, do corpo, da privacidade.

Na chamada era da globalização, vem adquirindo sentido lúdico ou performático, expresso em estéticas contemporâneas de existência tão bem narradas na literatura, nos filmes, na representação das lutas e dos esportes, da sexualidade e da competição pela existência cotidiana. Por fim, está presente com maior frequência e intensidade em sociedades autoritárias ou nas ditaduras (militares e civis), onde predominam relações assimétricas de poder. Por certo, não está ausente das sociedades democráticas, embora estas disponham de meios institucionais, legitimamente reconhecidos, para contê-la de acordo com as leis que limitam o uso arbitrário da força.

Essas características da violência acompanham a história das sociedades. Na Antiguidade clássica, compreendia ajustes na esfera das relações privadas entre senhores, seus escravos e dependentes domésticos. Na Idade Média, incorporou-se ao éthos cavalheiresco e guerreiro. Com o colonialismo moderno, esses hábitos migraram para o Novo Mundo e para outros continentes que não o europeu. Nessas sociedades, a violência passou a ser uma espécie de linguagem da vida cotidiana.

Com a marcha do processo civilizatório ocidental na Europa (séculos XV a XIX), que se irradiará para o resto do mundo, alcançando especialmente as Américas, o emprego cotidiano e recorrente da violência começa a ser socialmente reprovado. Dois processos ocorrerão simultaneamente: uma nova economia moral baseada na contenção dos impulsos agressivos (psicogênese) se dissemina por todos os estratos sociais; e a destituição dos particulares (civis) do direito de recorrer às armas e à força para resolução de conflitos nas relações sociais e interpessoais (sociogênese). O Estado moderno passa a ser a única comunidade a deter o monopólio legítimo da violência regulado pelas Constituições nacionais e convenções internacionais. Esse modelo de comportamento tendeu a se formalizar com a consolidação da democracia representativa, que reconhece a existência de canais institucionais (oficiais e públicos) para a resolução de conflitos.

No Brasil, desde a colônia a violência esteve incorporada ao cotidiano dos homens escravos e livres, inclusive sitiantes pobres, esposas, filhos e agregados domésticos. No mesmo sentido, da colônia à República, a violência desmedida foi utilizada habitualmente na repressão a movimentos sociais contestatórios, como as revoltas regionais, em especial contra o movimento operário nascente no final do século XIX. Foi traço marcante dos períodos de vigência de ditaduras militares, como na República da Espada — isto é, os dois primeiros governos militares no início do período republicano (1889-94) —, no Estado Novo (1937-45) e no golpe de Estado (1964-85), regimes que perseguiram dissidentes políticos.

Surpreendentemente, após o retorno da sociedade brasileira ao estado de direito, explodem conflitos de diversa natureza: crescimento dos crimes, em especial em torno das formas organizadas (por exemplo, tráfico de drogas), graves violações de direitos humanos e conflitos com desfechos fatais nas relações interpessoais. Aumentaram destacadamente os homicídios com concurso de arma de fogo, cujos alvos privilegiados são homens de quinze a 29 anos, habitantes dos bairros que compõem as chamadas periferias das regiões metropolitanas. A resposta do Estado tem sido caracterizada por ambivalência, ora legislando e apostando em políticas do tipo "mão dura" ou tolerância zero, ora em políticas "liberais" e inscritas no território dos direitos humanos, priorizando a humanização do tratamento penal e focalizando a proteção dos direitos de grupos determinados (mulheres, crianças, negros, idosos).

Nesse novo contexto social e político, a violência no Brasil deixou de ser pensada como afeita à órbita das relações privadas. Cada vez mais, é matéria de inquietação pública, alimentando sentimentos coletivos de medo e insegurança e estimulando debates públicos. Não menos relevante foi o interesse das ciências sociais e das humanidades desde meados da década de 1970.

O debate entre cientistas sociais foi muito influenciado pela transição política. Muitos acreditavam que a reconstrução da democracia conduziria inevitavelmente à pacificação da sociedade. Mas não foi o que aconteceu, diante justamente do crescimento dos crimes e da violência em geral. Era preciso então explicar o cenário social que estava se armando, assim como suas causas. Os argumentos gravitavam em torno dos efeitos da desigualdade produzida pelo capitalismo, das heranças autoritárias da sociedade brasileira que se encontravam ancoradas nas agências policiais e judiciais ou das características da "cultura" na sociedade brasileira. Chegava-se, na tradição do pensamento social, a reconhecer que a sociedade civil no Brasil nunca existira, o que contribuía para acentuar a histórica desconfiança das elites políticas nas leis e nas instituições republicanas.

Em quase quarenta anos de investigação empírica (1970-2010), muitos desses argumentos foram retificados, mitos foram questionados e demolidos, hipóteses foram sendo elaboradas e mesmo revistas com base em resultados de rigorosas investigações etnográficas ou com apoio em inúmeras outras perspectivas metodológicas, como tratamento estatístico de dados primários ou secundários, análises de fontes documentais, realização de histórias de vida e entrevistas com os protagonistas dos acontecimentos.

Um dos esforços realizados foi conhecer as características e a evolução dos crimes e da violência com base em estatísticas oficiais, cuja qualidade e fidedignidade eram àquela época questionáveis. Os estudos revelavam o crescimento, desde fins da década de 1970, de quase todas as modalidades de crimes contra o patrimônio e contra a vida. Aumentavam em volume e intensidade os chamados crimes violentos, aqueles que ameaçam a integridade física das pessoas, como roubos, estupros, extorsão mediante sequestro e homicídios. O crescimento acelerado dos homicídios, sobretudo na região Sudeste do país, passou a frequentar o noticiário e exerceu forte pressão sobre as agendas governamentais e das ciências sociais.

Não apenas essas modalidades de crime estavam crescendo. Paradoxalmente, os avanços da democracia corriam paralelos a graves violações de direitos humanos. Ao crime vinha se associar a ação de justiceiros e esquadrões da morte, compostos por pessoas civis e policiais. Linchamentos, que sempre existiram na sociedade brasileira, começaram a ocorrer com maior frequência, sobretudo nas capitais de São Paulo e Salvador. Tudo concorria para que práticas de justiça popular e rústicas ocupassem o espaço deixado pelas instituições oficiais de aplicação das leis e distribuição de justiça. Contra esses cenários de violência, policiais, não raro estimulados pela formação adquirida nas agências de polícia, recorreram ao uso abusivo da força, contribuindo para o aumento, nas estatísticas, de casos de morte.

Compõe ainda esse cenário de violência a explosão de conflitos nas relações interpessoais e intersubjetivas, que nada parecem ter em comum com a criminalidade cotidiana. Compreendem conflitos entre os homens e suas companheiras, entre parentes, vizinhos, amigos, colegas de trabalho, entre conhecidos que frequentam os mesmos espaços de lazer, entre pessoas que se cruzam diariamente nas vias públicas, patrões e empregados, entre comerciantes e seus clientes. Resultam, em não poucas circunstâncias, de desentendimentos variados acerca da posse ou propriedade de um bem, de paixões não correspondidas, compromissos não saldados, de reciprocidades rompidas, de expectativas não preenchidas quanto ao desempenho convencional de papéis, como os de pai, mãe, mulher, filho, estudante, trabalhador, provedor do lar.

Entre os pesquisadores, não há consenso a respeito das possíveis explicações para essas tendências de evolução do crime e da violência no Brasil. Algumas hipóteses têm sido mais bem exploradas e podem ser agrupadas em duas ordens de explicações.

Primeiramente, referem-se ao conjunto de mudanças pelas quais vem passando a sociedade brasileira desde a segunda metade do século passado, e sobretudo a partir do retorno ao Estado Democrático de Direito. No espaço de três gerações, o Brasil deixou de ser uma sociedade agrária. Processos acelerados de urbanização, industrialização, crescimento e diversificação do setor de serviços alteram padrões tradicionais de recrutamento dos trabalhadores, exigindo cada vez mais investimentos em profissionalização e expansão da escolaridade, ampliando as oportunidades de acesso ao mercado de trabalho para setores da população antes pouco representados, como mulheres e jovens.

Cresce a circulação da riqueza e da renda. O crime segue a rota da riqueza e não da pobreza, como muitas vezes se acreditou. Mudam as relações entre as classes sociais, que se diversificam e se tornam menos polarizadas, assim como relações intergeracionais, entre os gêneros, entre as etnias, tornando mais complexas as hierarquias sociais. Mais modernizada e conectada com as transformações globais, e tudo o que isso representa em termos dos usos das tecnologias nos modos de vida cotidianos, a sociedade brasileira se torna mais suscetível às mobilidades verticais e horizontais. Pouco a pouco emergem novos padrões de relações entre governantes e governados, expressos nas eleições e nas tendências majoritárias do voto popular.

Todo esse conjunto de mudanças incide também na esfera das representações sociais e da cultura. Como as sondagens de opinião têm demonstrado, a sociedade brasileira vem revelando atitudes ambíguas com relação às leis e às instituições. Ora apoia a democracia, o respeito à legalidade e aos direitos humanos. Ora, contrariamente, reconhece que as leis não valem para todos, as instituições privilegiam grupos sociais, os direitos não são universais, vale a vontade do mais forte. Cenários como esses contribuem para enfraquecer a confiança dos cidadãos nas instituições encarregadas de aplicar as leis e oferecer segurança à população.

É nessa espécie de "vácuo" que a sociedade brasileira assistiu impassível à chegada do crime organizado entre as classes populares, notadamente em torno do tráfico e comércio ilegal de drogas. Atraindo para si outras modalidades de crimes, como assaltos a bancos e sequestros de pessoas, o narcotráfico tem adquirido características particulares em distintas regiões do país. Em São Paulo, não tem sido diferente, com o surgimento do crime organizado, altamente centralizado e hierarquizado, controlado a partir das prisões e se irradiando pelos bairros populares e com o concurso de pistoleiros profissionais. Além do mais, o envolvimento de segmentos da classe média e mesmo de elevados estratos socioeconômicos nas atividades conexas, como lavagem de dinheiro, fraudes bancárias, corrupção de autoridades e governantes, tem se tornado recorrente. Esse quadro se completa com as conexões entre mercados ilegais e mercado político, das quais resultam financiamento também ilegal de campanhas políticas, corrupção de autoridades e enriquecimento ilícito.

Uma segunda ordem de explicações reside no âmbito mais propriamente institucional. No Brasil, suspeita-se que nunca se consolidou o monopólio estatal legítimo do uso da coerção física. Se isso é verdade, a emergência e a disseminação do crime organizado contribuíram ainda mais para enfraquecer a capacidade do poder público de exercer controle legal do crime e da violência. A sociedade mudou, os crimes cresceram e se tornaram mais violentos; o crime organizado se espraiou inclusive com o apoio de armas possantes e de tecnologias de informação. Todavia, o sistema judicial permaneceu apegado aos padrões tradicionais, alicerçados na criminalização do comportamento dos pobres e voltados para perseguir e prender bandidos conhecidos.

As agências policiais custam a reconhecer a necessidade de reforma institucional, seja em suas práticas de policiamento repressivo e preventivo, seja nas técnicas de investigação policial, assim como nas suas formas de recrutamento e formação profissional de seus quadros. Muitos policiais persistem acreditando que o problema do controle do crime e da violência é de exclusiva competência das autoridades policiais, daí as demandas em torno de mais armas e reaparelhamento das forças. Ignoram que segurança pública é, cada vez mais, objeto de planos de ação que envolvem não apenas conhecimento especializado, mas também parcerias entre governos e organizações da sociedade civil.

A despeito das mudanças recentes impressas nas leis penais, o modelo de aplicação de sanção permanece preso às tradições liberais de individualização da responsabilidade e de punição, em resoluto contraste com as formas sociais organizadas de criminalidade e violência. Fechando o círculo, os governos federal e estaduais têm endereçado vultosos investimentos para ampliação de vagas e modernização do sistema penitenciário. É verdade que a situação de aberta violação de direitos humanos tem recomendado a ampliação da oferta de vagas para conter a superpopulação carcerária em obediência às convenções internacionais. Contudo, o outro lado desse quadro é perverso, pois criou condições favoráveis para a expansão do crime organizado no interior das prisões.

Não é estranho que a violência tenha se apropriado do cotidiano dos cidadãos e cidadãs brasileiros. Por um lado, intensificou o sentimento de medo e insegurança coletivos, de que as leis não são aplicadas, de que a impunidade é regra, de que os mais fortes podem impor sua vontade sob ameaça do uso da força. Por outro, a violência paradoxalmente institui linguagens, representações do mundo que parecem ordenar e hierarquizar relações e atribuir sentido ao inevitável — as mortes, os ilegalismos, a arbitrariedade das autoridades no controle social. Os rumos da sociedade democrática no

Brasil estão exigindo maior conexão entre políticas de segurança pública e políticas de proteção e promoção de direitos humanos, capazes de realizar o esperado desejo de uma sociedade mais justa, solidária e internamente pacificada.

SUGESTÕES DE LEITURA

ELIAS, Norbert. *O processo civilizador.* São Paulo: Companhia das Letras, 1990 e 1993. 2 v.

HOBSBAWM, Eric. *Globalização, democracia e terrorismo.* São Paulo: Companhia das Letras, 2007.

MISSE, Michel. *Crime e violência no Brasil contemporâneo.* Estudos de sociologia do crime e da violência urbana. Rio de Janeiro: Lumen Juris, 2006.

ROBERT, Philippe. *Sociologia do crime.* Petrópolis: Vozes, 2007.

ZALUAR, Alba. *Integração perversa*: pobreza e tráfico de drogas. Rio de Janeiro: Editora da FGV, 2004.

SEGURANÇA PÚBLICA: DIMENSÃO ESSENCIAL DO ESTADO DEMOCRÁTICO DE DIREITO

Luiz Eduardo Soares

ORDEM E PROGRESSO

Está aí um daqueles temas sobre os quais todo mundo tem opinião. Quando todos conhecem o assunto, entramos em área de perigo e o alerta do pesquisador dispara. Por um motivo muito simples: o excesso de notícias, conversas e opiniões transmite a impressão de que falamos da mesma coisa e concordamos quanto ao essencial, o que pode ser — e, frequentemente, é — falso. O melhor a fazer, então, é esquecer o que sabemos sobre segurança e recuar para o estágio preliminar, respondendo à pergunta mais simples: o que é segurança pública?

A resposta parece óbvia, mas não é. Testemos uma primeira hipótese: segurança descreve uma situação da vida social em que não ocorrem crimes ou em que eles são raros. Ou: segurança é o nome que se dá a um estado de coisas que caracteriza a vida social quando ela é pacífica e transcorre sem crimes, afirmando-se, portanto, a plena vigência do respeito às leis. Ou ainda: segurança é a qualidade que distingue sociedades sem crime — ou quase desprovidas de crimes. Elas seriam sociedades "seguras"; nelas os indivíduos viveriam "em segurança".

Duas objeções: onde há mais crimes? Nos países regidos por Estados autoritários, como Coreia do Norte, China, Cuba e Irã, ou nos Estados Unidos? Pelo pouco que se sabe, há menos crimes sob o totalitarismo. Contudo, o fato de haver menor número de crimes em sociedades politicamente autoritárias não significa que teocracias, fechamento cultural, perseguições, torturas, censura e execuções gerem segurança pública. Afinal, a paz dos cemitérios não figura em nosso sonho feliz de cidade. Resumindo: nem sempre ausência de crimes (ou poucos crimes) corresponde à segurança pública. Basta observar o medo. Supostamente, se há segurança não há medo, pelo menos não há medo constante e difuso de ataques físicos e morais, intervenções arbitrárias e imprevisíveis, abusos, violações, violência. Pois, se é assim, sob o totalitarismo não há segurança, porque o medo é onipresente e corrói a confiança — inclusive nas instituições do Estado, a começar pela Justiça. Ou seja, o que entendemos por segurança tem menos a ver com crime e mais a ver com confiança e ausência do medo.

Uma explicação para o erro da primeira resposta: crime é o que o Estado define como tal e, por consequência, não pode servir de critério fixo e moralmente digno. Como sabemos, ao longo da história e no mundo contemporâneo, os Estados se organizam das mais variadas maneiras e classificam as ações humanas das mais diversas formas, vendo crimes onde outros identificam virtude e enxergando legitimidade em atos que outros abominam como perversão intolerável. Evitemos, pois, falar em crime sem examinar o valor e o conteúdo de cada prática e de cada qualificação.

Outra resposta insuficiente (a segunda) poderia ser assim formulada: segurança pública é a duradoura ausência de violência — qualquer que seja a sua forma de manifestação — na vida de uma sociedade. Algumas sociedades tradicionais apresentam pequena quantidade de práticas violentas no espaço público, mas inúmeros casos de violência doméstica contra mulheres e crianças, porque a desigualdade entre os gêneros é sancionada pela cultura e a brutalidade perpetrada contra os filhos é definida como recurso educativo. Quem observasse apenas os dados convencionalmente examinados em pesquisas sobre segurança provavelmente não captaria esses processos dramáticos e em certo sentido subterrâneos. O álibi evocado para justificar a negligência do estudioso seria o adjetivo *público*, como se a experiência dos indivíduos, transposta a porta de casa, deixasse de ser pertinente para a fruição disso que se chama segurança. Ela é considerada *pública* porque afeta a coletividade, constituindo-se em um bem universal. O adjetivo *público*, aqui, não se opõe ao significado de *privado* enquanto sinônimo de *doméstico*, mas a *privado* enquanto *exclusivo*, isto é, correspondendo à qualidade daquilo *que não se compartilha*.

Apesar das virtudes do aposto — estendendo o campo de observação das práticas qualificáveis como violentas, deslocando nosso foco para o mundo doméstico e até para a esfera invisível, porém densa, das relações intersubjetivas —, esse movimento de ampliação traz consigo alguns problemas. A começar pelo fato de que talvez nem toda forma de violência seja negativa e se oponha à segurança. Considere, por exemplo, uma luta de boxe ou um campeonato de artes marciais, rigidamente disciplinados por regras e limites. Segundo a visão de seus mestres, as artes marciais cumpririam papel educativo. Eles fazem questão de enfatizar a diferença entre a violência e a força no esporte, onde é usada com técnica e limitada por normas severas.

Trata-se de um tópico interessante para reflexão. Basta enunciá-lo para mostrar que expandir o campo semântico da violência tem vantagens e desvantagens. Nem sempre seria adequado fazê-lo. Há argumentos críticos que merecem atenção e encontram boas bases na filosofia, na psicanálise e nas ciências sociais. Outro complicador proviria do olhar antropológico sobre a categoria violência. Em diferentes culturas, o que denominamos violência — palavra que como vimos é polissêmica em nossa própria cultura — se divide e se ramifica, e se refrata em múltiplos sentidos, vinculados a cosmologias, crenças e valores os mais diversos. O mesmo vale para as categorias medo, segurança, público, privado, força, autoridade, poder, liberdade, obediência, coerção, direito, dever, individualidade etc. É razoável — ainda que incerto, em virtude da variação de situações entre culturas diferentes e no interior da mesma cultura — definir "violência negativa" como a imposição, por ação ou omissão, de sofrimento evitável ao outro, provocando-lhe danos (físicos ou psicológicos) ou ferindo seus direitos (nesse caso, se o contexto social for regido pelo princípio da equidade e pelo Estado Democrático de Direito).

Uma consequência do reconhecimento da diversidade cultural é a necessidade de restringir essas reflexões às sociedades com Estado. Essa restrição remete a problemática da segurança pública ao Estado, entendido como o aparato institucional que detém o monopólio da violência legítima. Eis aí mais uma acepção positiva da violência, nesse caso definida como o emprego potencial dos meios de coerção (armas, polícias, força organizada) a serviço de objetivos aprovados pela sociedade, porque conformes às determinações legais, sendo a legislação fruto da vontade popular, nos termos instituídos democraticamente pelo Estado Democrático de Direito. Em outras palavras: a violência seria legítima quando empregada pelo Estado para proteger direitos e liberdades, evitando, portanto, a violência ilegítima. Também seria legítima aquela adotada por um indivíduo para defender-se da violência ilegítima. Em todos os casos, a ideia de proporcionalidade cumpre um papel central, uma vez que não se justificaria fazer a outrem um mal maior do que aquele que se procura evitar, em sendo possível calibrar a reação defensiva.

Mas não percamos o fio da meada. A segunda resposta — segurança pública é a ausência de violência — também é insuficiente. Por quê? Simples: se a expressão "segurança pública" se restringir a descrever sociedades em que a violência esteja ausente, vai ter pouco uso. Talvez fosse melhor aposentá-la e não perder mais tempo com ela. Há gradações e mediações da maior importância, e essas diferenças graduais não são pouca coisa. A inviabilidade de prevenirmos inteiramente a violência não significa que não haja gradações de imensa relevância para a sociedade.

Se o "tudo ou nada" não se aplica (ausência de violência ou guerra de todos contra todos), uma terceira resposta pode surgir, inspirada pela necessidade de buscar algum ponto intermediário de equilíbrio, talvez um certo padrão ou alguma medida que fossem razoáveis. Alguém talvez se sentisse disposto a propor a hipótese de que certa média de atos geradores de insegurança seria aceitável, para sociedades de determinado porte, com certas características. Quem sabe, partindo da experiência real de sociedades existentes, que sejam avaliadas pelo senso comum internacional como razoavelmente seguras? Por exemplo, os países nórdicos europeus, de tradição social-democrata, que apresentam ao mesmo tempo baixas taxas de violência (adotando-se uma interpretação frouxa da palavra) e os melhores indicadores mundiais relativos a desigualdade, educação, qualidade de vida, e acesso a bens e serviços, em regimes democráticos. Não seria despropositado tomar esses países como referência e fixar um patamar para definir com mais firmeza e substância o que seria segurança pública. Na medida em que as taxas se afastassem do patamar, negativamente, uma sociedade seria mais insegura. Aproximando-se da referência, tornar-se-ia mais segura.

Nenhum absurdo nessa proposta. Entretanto, sua utilidade também seria questionável. Digamos que um país ou uma cidade reduza à metade as práticas por ela mesma classificadas como inaceitavelmente violentas. Digamos também que essa diminuição dos casos intoleráveis de violência seja perceptível e se sustente ao longo de um tempo razoável. É provável que a população beneficiada por esse declínio da violência se sinta mais segura e avalie positivamente a segurança em sua cidade, ou país. Ainda que o patamar, isto é, o número de casos, continue elevadíssimo, em termos absolutos. A comparação que realmente lhe importa, aquela que vai sensibilizá-la, é a que se estabelece com sua própria experiência anterior, e não com países ou cidades distantes ou com taxas, números e cálculos abstratos. O mesmo vale na direção oposta.

Se a população valoriza a comparação endógena (consigo mesma), não o faz por ignorância ou falta de cultura sociológica, mas porque é o mais relevante para sua vida. Não é à toa que os formuladores de políticas públicas optam pelo mesmo viés. Afinal, se lhes cabe elaborar políticas e orientar ações que reduzam a violência, de que lhes servem os números eslavos ou patamares artificialmente concebidos por estudiosos preocupados com a definição do conceito de segurança pública? Os dados pertinentes são os que descrevem as dinâmicas em curso na realidade que lhes compete transformar. Os números importantes referem-se aos anos anteriores e ao presente. São essas as referências que fazem sentido para técnicos, governantes e profissionais que atuam na área. Tanto quanto para a população. Sendo assim, uma boa dose de relatividade passa a perturbar as definições gerais e abstratas.

A quarta resposta é também insuficiente: segurança pública é a própria ordem social, desde que seja conforme às determinações legais — "o império da lei e da ordem". O problema dessa hipótese está na reificação da ordem, ou seja, em tratá-la como se fosse uma coisa, um objeto, uma substância, que existe por si mesma, tem permanência e é independente da vontade de quem a compõe e a observa. Pois não existe tal coisa. O que há, quando se declara que a ordem existe, são constelações de indivíduos interagindo de modo dinâmico, segundo certo padrão, quer dizer, confirmando determinadas expectativas, derivadas da observação do passado. A confirmação das expectativas, isto é, a reprodução de certo padrão, não garante a continuidade desse processo de reprodução, ainda que funcione como um preditor poderoso. Um padrão de interações dinâmicas é o modelo que se pode descrever com base no exame da experiência pregressa. Um flagrante desse conjunto de interações dinâmicas é apenas um flagrante, não a fotografia de uma ordem permanente, cuja durabilidade se assemelhe à ideia que fazemos de um objeto físico. Bastaria que os trabalhadores interrompessem suas atividades para que a ordem entrasse em colapso.

A ordem é, na verdade, expectativa de ordem. Ela é uma prospecção. E funciona como uma profecia que se autocumpre: na medida em que todos esperam que os demais repitam sua rotina, a tendência é que cada um busque fazê-lo, tornando real a expectativa generalizada, até porque cruzar os braços e ficar em casa, no contexto em que os outros trabalham ou desempenham suas atividades regulares, custaria caro nos mais diferentes sentidos, inclusive econômico. Se a expectativa é de desordem ou se as expectativas predominantes são instáveis, a ordem já foi rompida e a insegurança reina.

Aqui, é preciso cuidado: insegurança pode provir de acidentes naturais, crises econômicas, dramas familiares, epidemias, sendo em essência uma experiência múltipla e polissêmica. Por consequência, segurança pública engloba, potencialmente, essa pluralidade de esferas da vida coletiva. Entretanto, para fins de delimitação analítica e divisão do trabalho entre as instituições do Estado, convém circunscrever nosso objeto, restringindo-o ao plano das experiências relacionadas à paz ou ao uso da força, ao respeito a regras socialmente sancionadas ou à sua ruptura, sobretudo quando estão em risco o corpo, os bens e a identidade moral de indivíduos, e a necessidade de intervenção legítima da coerção do Estado, seja preventiva, seja repressiva, seja reparadora — auxiliando a Justiça criminal.

Revendo o que aprendemos nessa caminhada, chegamos às seguintes conclusões: 1) segurança pública não se reduz à existência ou inexistência de crimes; 2) não se esgota na presença ou ausência de fatos visíveis e quantificáveis, embora diga respeito à relação com a experiência emocional, física e/ou simbólica da violência intolerável; 3) incorpora a dimensão subjetiva, como o medo, que é sempre intersubjetiva, porque experimentada em sociedade; 4) é indissociável de algumas dimensões políticas fundamentais, como democracia ou ditadura, e da regência de formas locais (ou capilares e domésticas) de poder, tirânicas ou libertárias; 5) diz respeito a toda a coletividade; 6) seu alcance envolve as esferas pública e privada; 7) não pode ser definida por um critério fixo e permanente, nem mensurada de forma abstrata e artificial; 8) depende de contextos específicos e de histórias singulares — nesse sentido, é social, histórica e culturalmente relativa, ainda que essa relatividade seja limitada pelos balizamentos substantivos referidos acima (como, entre outros, a prática de violência inaceitável, o regime político e as formas de poder local ou capilar).

Alcançamos, então, uma definição sintética — isto é, capaz de reunir todos os requisitos acima listados — e bastante simples: segurança pública é a estabilização universalizada, no âmbito de uma sociedade em que vigora o Estado Democrático de Direito, de expectativas positivas a respeito das interações sociais — ou da sociabilidade, em todas as esferas da experiência individual. O adjetivo "positivo" sinaliza a inexistência do medo e da violência (em seus significados negativos), e a presença da confiança, em ambiente de liberdade. Corresponde, portanto, à fruição dos direitos constitucionais, em particular daqueles que se relacionam mais imediatamente com a incolumidade física e moral, e à expectativa de sua continuidade ou extensão no tempo, reduzindo-se a incerteza e a imprevisibilidade, o medo e a desconfiança. E assim concorrendo para que círculos virtuosos substituam círculos viciosos — dinâmicas negativas que se retroalimentam, estimuladas por narrativas dominadas pelo medo e pela demonização do outro. Em vez de atitudes defensivas de quem espera agressões e as acaba precipitando, no ambiente seguro predominam posturas desarmadas e cooperativas, que estimulam a difusão de respostas e expectativas sociáveis e produtivas.

Expectativas envolvem percepções sobre o presente, alimentadas por narrativas sobre o passado, e prefigurações do futuro. Trata-se, portanto, de fenômeno plural, por excelência, frequentemente contraditório, subordinado a distintas mediações. Nesse contexto, a mídia opera como importante elo na cadeia das desiguais produções narrativas, concorrendo para a formação diferenciada de expectativas. Essa multiplicidade dificilmente é redutível a uma tendência hegemônica, nas sociedades de massa, o que torna a segurança pública também sujeita a avaliações múltiplas e converte os esforços dirigidos a promovê-la em simples ações orientadas para a redução de danos e para a geração capilar de experiências e narrativas positivas.

A estabilização referida no conceito de segurança pública constitui um processo e, como vimos, é sempre não mais do que uma tendência — que não se realiza como um fenômeno objetivo localizado no tempo e no espaço, e que é vivenciado diferentemente por distintos grupos e indivíduos —, para a qual concorrem diferentes fatores, entre os quais as instituições do Estado cuja função constitucional é oferecer e garantir a fruição desse bem coletivo.

Por isso, entende-se que o papel das polícias, assim como de todas as instituições do campo da segurança pública, é o de atuar, se preciso com o uso comedido e proporcional da força, para prevenir desrespeito aos direitos e às liberdades, promovendo a estabilização generalizada de expectativas positivas, inclusive relativamente a seu próprio comportamento, que não pode trair sua missão constitucional, eminentemente democrática, protetora da cidadania, da vida e da dignidade humana. O acesso à Justiça é componente fundamental do processo de construção interativa, intersubjetiva e multidimensional — isto é, envolvendo Estado e sociedade — da segurança pública, porque esta apenas subsiste caso faça parte das expectativas de indivíduos e grupos a suposição de que eventuais ataques aos direitos — sobretudo os mais sensíveis e diretamente ligados à vida, à integridade física e moral, à liberdade e à propriedade dos bens mais próximos — serão reparados tempestivamente e com equidade.

Qual o impacto prático desse conceito de segurança pública? Se o levarmos a sério, as políticas responsáveis por promovê-la teriam de ser multidimensionais ou intersetoriais, isto é, não se restringiriam a ações policiais, e estas, por sua vez, respeitariam a vida, a equidade, os direitos e as liberdades, rejeitando atitudes que ampliassem o medo e a iniquidade no acesso à Justiça.

SUGESTÕES DE LEITURA

KANT DE LIMA, Roberto. *A polícia da cidade do Rio de Janeiro*: seus dilemas e paradoxos. Rio de Janeiro: Forense, 1995.

______. *Polícia e sociedade*. Série publicada pela Edusp, organizada pelo NEV.

ROLIM, Marcos. *A síndrome da rainha vermelha*: policiamento e segurança pública no século XXI. Rio de Janeiro: Zahar, 2006.

SENTO-SÉ, João Trajano (Org.). *Prevenção da violência*. O papel das cidades. Rio de Janeiro: Civilização Brasileira, 2005.

SOARES, Luiz Eduardo. *Legalidade libertária*. Rio de Janeiro: Lumen-Juris, 2006.

______. *Meu casaco de general*; 500 dias no front da segurança pública do Rio de Janeiro. São Paulo: Companhia das Letras, 2000.

RACISMO NO BRASIL: QUANDO INCLUSÃO COMBINA COM EXCLUSÃO

Lilia Moritz Schwarcz

No ano de 2009, a mídia brasileira foi inundada por uma notícia que abalou a sensibilidade nacional. O episódio envolveu o jogador do São Paulo Futebol Clube, Grafite, e o zagueiro argentino Desábato, o qual, bem no meio da partida, teria xingado o colega, chamando-o de "negro e macaco"; a ele e a toda a sua parentela. Tomemos o caso como um modelo exemplar. Afinal, por que será que o evento despertou tanta atenção e ressentimento? Com certeza, essa não seria a primeira vez que alguém arregimentaria a cor como categoria acusatória, ou se lembraria da associação popular entre cor da pele e determinados atributos morais e culturais. Além do mais, como marcador social de diferença, "negro" pode ser termo negativo, mas também positivo; até afetivo. Jamais neutro.

Mas o fato é que símbolos só são entendidos de maneira situada e, no contexto em questão, não havia nenhum laivo de atitude carinhosa na expressão utilizada. Ao contrário, dessa vez, o que parecia chamar à reação geral era o lugar onde o conflito se explicitava: no *outro*. E não por coincidência, todo o cenário lembra uma modalidade de preconceito amplamente praticada no Brasil: uma espécie de "preconceito de ter preconceito". Tal tipo de racismo retroativo foi descrito pela primeira vez por Florestan Fernandes, nos anos 1960, e já naquela ocasião o sociólogo concluía como costumamos jogar para o "outro" a discriminação e o racismo. E melhor ainda se for estrangeiro e, de quebra, argentino.

Por outro lado, o embate jogava mais lenha na fogueira daqueles que acreditam que, no país, a discriminação se aplica mais à cor do que à origem social. Oracy Nogueira em 1954 teria chamado o fenômeno de "preconceito de marca", contraposto ao de "origem", mais praticado em países como África do Sul e Estados Unidos, duas nações sempre lembradas, como o outro lado do espelho, quando se trata de analisar o racismo existente por aqui. O suposto é que, diferente de outros países, cuja base objetiva da discriminação é a origem e a quantidade de sangue negro ou branco (o famoso modelo norte-americano do *one drop blood rule*), no Brasil os padrões se apresentariam comparativamente mais flexíveis, uma vez que oscilariam a partir da contingência (do momento), da situação social e da origem cultural. Ou seja, uma pessoa pode definir-se mais ou menos branca em função da pessoa que faz a pergunta, do contexto em que se encontra ou da situação econômica que vivencia. É famosa a passagem citada pelo viajante francês Saint-Hilaire, que em pleno século XIX, percorrendo o interior de Minas Gerais, deparou-se com uma pequena milícia e logo indagou pelo chefe. Um dos membros apontou então para um soldado, e foi quando o francês reagiu, dizendo: "É aquele negro lá?". Ao que o mesmo oficial respondeu: "Não, ele não pode ser negro, uma vez que é chefe".

Exemplos desse tipo abundam em nossa literatura e conformam um retrato fiel da ambivalência do racismo praticado no país. Grafite aceitou o apelido, que afetivamente delimita sua cor. No entanto, em circunstância pública agencia essa mesma cor de maneira contrária: talvez nessa situação específica prefira alegar não ter cor, se julgue até mais branco do que em outras contingências, ou então fique irado ao ver sua origem social e de classe ser destacada em situação de conflito. O mesmo fenômeno se repete em um jogo que ocorre em Heliópolis (em São Paulo), quando, há mais de oito anos, um pouco antes do Natal, realiza-se uma pelada chamada "Pretos × Brancos". Teoricamente são onze jogadores negros contra onze brancos. No entanto, a cada ano os esportistas mudam de time como se trocassem de meia. Melhor do que a "versatilidade" é o calibre das explicações. Alguns dizem estarem mais brancos porque enriqueceram; outros porque subiram de vida; outros, ainda, porque se sentem assim: mais brancos. Há ainda poucos exemplos de jogadores que afirmam estar mais pretos, quando não reinventam certa origem africana. O importante é que, no país, cor é dublê de raça, de classe social e, portanto, matéria para negociação.

Hoje sabemos, segundo dados da biologia e da genética, que raça não existe como conceito científico; é antes uma categoria taxonômica e meramente estatística, uma construção social. O problema é que sob a capa da raça introduzem-se considerações de ordem cultural, na medida em que a ela se associam crenças, valores e verdades. Assim, se o conceito não é natural, continua a ser pragmaticamente acionado, denotando uma classificação social baseada em atitude negativa ante determinados grupos, devidamente discriminados a partir desses critérios. Demonstrar, pois, as limitações do conceito biológico, desconstruir a sua significação histórica, não leva a abrir mão de suas implicações e novas classificações sociais. Como mostra a antropóloga Manuela Carneiro da Cunha, existem diferentes maneiras de entender a cultura de uma nação: *cultura* (sem aspas) seria um patrimônio geral; já "*cultura*" (com aspas), a propriedade particular de cada povo, devidamente agenciada. E é essa "*cultura*" (com aspas) que tem sido manipulada de maneira ampla, assumindo novo papel como argumento político. Vale a pena assinalar a mudança de axioma: se o período do pós-guerra defendeu a universalização dos direitos, mais recentemente a ênfase recaiu nos direitos das minorias. Ora, nesse mundo das diferenças, nada como acionar a "cultura" (com aspas) enquanto recurso para afirmar novas identidades, e raça seria um poderoso operador nesse sentido. Assim, se pensarmos não em raça como um conceito biológico, mas — fazendo um paralelo com o modelo da antropóloga — em "raça" entre aspas, veremos como temos pela frente um marcador crucial, que permite demonstrar a qualidade reflexiva da cultura, e como ela estabelece um fio de tensão que liga e separa — reflexivamente — antropologia e política. Voltemos uma vez mais ao nosso caso inicial. De antemão vale a pena dizer que qualquer debate desse tipo já carrega consigo, e por aqui, seus méritos. No interior de um país em que até há bem pouco tempo a discriminação parecia estar naturalizada, como se as posições sociais desiguais fossem desígnio da natureza e atitudes racistas fossem consideradas minoritárias e excepcionais, todo barulho é lucro. Afinal, na ausência de uma política discriminatória oficial, andamos cercados por uma boa e falsa consciência, que ora nega o preconceito, ora o reconhece como mais brando, ou ainda afirma que ele existe, sim, mas na boca da pessoa ao lado. É só dessa maneira que se pode explicar uma pesquisa realizada em 1988, pela Universidade de São Paulo, na qual 97% das pessoas afirmaram não ter preconceito e 98% — dos mesmos entrevistados — disseram conhecer outras pessoas que tinham, sim, preconceito. Ao mesmo tempo, quando inquiridos sobre o grau de relação que possuíam com aqueles que consideravam racistas, os entrevistados apontavam com frequência parentes próximos, namorados e amigos íntimos. Conclusão imediata: todo brasileiro se sente como uma ilha de democracia racial, cercada de racismo por todos os lados.

Em 1995, o jornal *Folha de S.Paulo* divulgou uma pesquisa sobre o mesmo tema, com resultados semelhantes. Apesar de 89% dos brasileiros dizerem haver preconceito de cor contra negros no Brasil, só 10% admitiram tê-lo. No entanto, de maneira indireta, 87% revelaram algum preconceito ao concordar com frases e ditos de conteúdo racista, ou mesmo enunciá-los. A pesquisa foi repetida em 2009, e os resultados não diferiram, nesse aspecto; ao contrário, parecem indicar uma convivência ainda mais harmoniosa, a despeito de denunciarem-se, sempre, casos de discriminação "alheios".

As conclusões a que chegou o antropólogo João Batista Felix, em trabalho sobre os bailes negros em São Paulo, podem ser entendidas de forma inversa, mas simétrica. A maioria dos entrevistados negou ter sido vítima de discriminação, porém confirmou casos de racismo sofridos por familiares e conhecidos próximos. E mais, em investigações realizadas sobre a existência de preconceito em pequenas cidades, costuma-se apontar para a ocorrência de casos de racismo apenas nos grandes conglomerados (a atriz que foi barrada em uma boate, a filha do governador do Espírito Santo que não pôde usar o elevador social, o cidadão que foi impedido de frequentar um clube, o trabalhador que foi abusado pela polícia); mas o contrário também acontece — na visão dos moradores de São Paulo e do Rio de Janeiro, é no interior que se concentram os exemplos mais radicais de discriminação.

Isso para não falar do uso do passado. Quando entrevistados, os brasileiros jogam para a história, para o período escravocrata, os últimos momentos de racismo. Emblemático nesse sentido é o hino da República, que no início de 1890, um ano e meio depois do final da escravidão, entoava com orgulho: "Nós nem cremos que escravos outrora tenha havido em tão nobre país". O passado mora longe, e um ano parecia ser, nesse contexto, sinal de muitas décadas ou até mais: dádivas da pátina do tempo.

Aparentemente distintas, as conclusões das diferentes investigações são paralelas: não se nega mais que exista racismo no Brasil, mas ele é sempre um atributo do "outro". Seja da parte de quem preconceitua ou de quem é preconceituado, o difícil é admitir a própria discriminação, e não o ato de discriminar. Além disso, o problema parece se resumir ao ato de afirmar oficialmente o preconceito, e não reconhecê-lo na intimidade. Como diz o ditado, "de perto ninguém é perfeito", e a máxima parece valer para a prática da discriminação privada. O resultado é um discurso que tende, senão a negar, ao menos a minorar a importância e a evidência do racismo entre nós.

A questão é polêmica e tem dividido os especialistas brasileiros, que se opõem entre afirmar o lado singular e até positivo desse modelo miscigenado de convivência, e mostrar como cruzamento racial não quer dizer ausência de discriminação. De toda maneira, o que ninguém discute é a existência de desigualdades sociais. Tudo indica que estamos diante de um tipo particular de racismo; um racismo silencioso e ambivalente, que se esconde por detrás de uma suposta garantia da universalidade e da igualdade das leis, e que lança para o terreno do privado, e para o vizinho, o jogo da discriminação. Em uma sociedade marcada historicamente pela desigualdade, pela larga vigência da escravidão, pelo paternalismo das relações e pelo clientelismo, o racismo se afirma prioritariamente na intimidade ou na delação alheia. Quem sabe o caso do esportista argentino, que acabou na prisão, sirva como modelo para pensar o nosso jogo interno e perverso, que faz oscilar inclusão social com exclusão.

ENTRE A INCLUSÃO E A EXCLUSÃO: NÃO DIZER, OMITIR, SILENCIAR

Certa vez o filósofo Kwame Appiah desabafou que: "Insistir com a noção de raça é mais desolador para aqueles que levam a sério a cultura e a história". A pena é constatar que esse tipo de cenário desolador mantém-se forte e bastante vital. Raça é ainda um conceito poderoso, e persiste como construção histórica e social, matéria-prima para o discurso das nacionalidades, ou como marcador social que identifica e classifica pessoas e situações. Não por acaso, o conceito serviria para analisar a inserção de outros grupos sociais, como judeus, índios, ciganos ou até deficientes físicos ou mentais. No entanto, no caso brasileiro, tal problema centrou-se, primeiramente, na discussão sobre nossos nativos indígenas, e depois acerca da vasta população negra brasileira. Tal afirmação é ainda mais vigorosa quando se lembra que, antes mesmo de o Brasil ser Brasil, quando era ainda uma América portuguesa, o tema já fazia parte dos discursos, crônicas, imagens, cartas que descreviam o país. Viajantes seiscentistas como Thevet, Leiris, Laet destacavam de um lado uma natureza paradisíaca e, de outro, uma população dada a hábitos considerados "primitivos" ou "bárbaros", tudo conforme a designação de época. O cronista português Gandavo sintetizou tal tipo de percepção mais negativa, afirmando que os brasileiros eram povos sem F, L, R: fé, lei e rei. Os habitantes do país, desde o início de sua incursão numa longa história ocidental, já eram entendidos como "outros" e apreendidos sob o signo da falta. Nesse caso, diferença não era mais, e sim menos: carência de costumes, de ordem, de responsabilidade. Não por coincidência, hábitos como o canibalismo, a poligamia ou a nudez incendiavam a imaginação europeia, que migrava do Oriente para a América, maravilhada com a natureza, mas desconfiada dessa que seria uma nova humanidade.

A ambiguidade era tal que, em 1534, Paulo III estabelecia uma bula papal que confirmava a "humanidade" dos nativos do Novo Mundo e lhes conferia "alma". Mas a desconfiança mantinha-se, tanto que naturalistas do século XVIII voltariam a observar a natureza e os naturais americanos. Se o conde de Buffon (George-Louis Leclerc), que em 1749 publicou os três primeiros volumes da *Histoire naturelle*, determinou que os nativos eram povos crianças (uma vez que não tinham pelos nos corpos), mostrando assim a juventude do continente; já seu colega Cornelius De Pauw editava em 1768, em Berlim, *Recherches philosophiques sur les américans, ou Memoires interessants pour servir à l'histoire de l'espèce humaine*, e tornava mais agudo o argumento, dizendo que esses não eram povos infantis, mas decaídos. Ou seja, já haviam sido crianças, passado pela maturidade e envelhecido; eram, portanto, "degenerados".

O tema da degeneração entraria fundo no debate sobre a América, e em especial acerca do Brasil, quando em meados do século XIX seria retomado por cientistas locais, informados pelas teorias deterministas e raciais em voga na época. O debate coincide com a campanha pelo final da escravidão no país, e, nesse caso, remete-se não tanto às raças, como fenômenos isolados, mas sobretudo à miscigenação. Na verdade, contra o argumento da cidadania, opõe-se um modelo racializado, que nega a noção de igualdade entre os homens. O suposto era não só que as raças (como espécimes ontológicas) tinham contribuições e qualidades diferentes, como que a mistura delas levava sempre ao infortúnio, ao desequilíbrio e à degeneração. Usando esse tipo de modelo, cientistas da Faculdade de Direito de Recife, como Silvio Romero e Tobias Barreto, ou saídos dos quadros da Faculdade de Medicina da Bahia e do Rio de Janeiro, como Nina Rodrigues e Renato Khel, advogarão práticas de exclusão social, de combate à miscigenação e cerceamento da liberdade jurídica, sempre em nome da ciência da época.

Interessante é pensar que, em meados da década de 1920, estávamos a um passo do *apartheid social*, e em 1930 nos transformaríamos em "modelo de democracia racial". É certo que o contexto intelectual era distinto, e que agora a noção de raça passava a ser trocada pela de cultura, advogando-se que não era a biologia que explicava as sociedades, mas suas histórias, contingências e costumes. E, no Brasil, o debate seria capitaneado por toda uma geração modernista, que, a exemplo de Mário de Andrade, Gilberto Freyre, Artur Ramos e tantos outros, passaria a trazer as populações negras, e sua contribuição, para o centro do pensamento nacional; não como lacuna, silêncio ou demérito, mas como profunda contribuição. De veneno a fortuna, a mestiçagem aos poucos foi se transformando em "marca nacional", a ponto de o Brasil servir em 1947, 1951 e 1964 como estudo de caso para a Unesco; um exemplo de convivência idílica e pacífica num mundo marcado por ódios expressos em termos de raça, origem e cultura. São desse contexto expressões como "*melting pot*", democracia racial, celeiro harmônico de raças, que em seu conjunto apontam para uma virada cultural e para novas representações identitárias acerca desse mesmo país. Em questão estava a evidência de um padrão singular de relacionamento racial. Não por acaso, nesse mesmo momento, Getúlio Vargas "nacionalizaria" e tiraria da criminalidade práticas como a capoeira, o samba e o candomblé, além de transformar o futebol numa modalidade esportiva mestiça e brasileira. Também resultado desses novos ares é a transformação da feijoada em prato nacional e mestiço: o branco do arroz, o marrom do feijão, o amarelo da laranja, o vermelho da pimenta e o verde das nossas matas (sic) passavam a compor essa nova "aquarela do Brasil".

E de lá para cá tudo mudou, mas permaneceu semelhante também. Após os anos 1970, com o recrudescimento do movimento negro e de uma política de ações afirmativas, com o resultado de pesquisas pautadas nos censos nacionais e novas pesquisas na área, o tema anda ainda mais contundente. Tem sido difícil desconhecer como, ao lado da inclusão, impera uma persistente exclusão social. Para tanto, basta notar os dados oficiais que mostram desvantagens profundas no acesso ao trabalho, à escolarização, à moradia, mas que também se expressam nas taxas de mortalidade e até de matrimônio desiguais. Mestiçagem nunca foi sinônimo de igualdade ou ausência de discriminação, e a ambivalência desse "racismo à brasileira" se apresenta na convivência muitas vezes perversa entre inclusão e exclusão.

Como se vê, não é de hoje que raça sempre deu o que falar entre nós, para o bem e para o mal. Além do mais, vale a pena acrescentar que o racismo é uma questão contemporânea, uma vez que significa a reinvenção da hierarquia em sociedades supostamente igualitárias. Se a Revolução Francesa determinou a igualdade jurídica entre os homens, o preconceito e o racismo, primeiro científico e depois cultural, se apresentaram como uma resposta afirmativa, no sentido de repor a diferença e a discriminação; se não em termos legais, ao menos a partir de critérios que se pretendiam científicos e depois históricos. Desde então, o racismo faz parte da agenda de nossa era globalizada, marcada por ódios considerados "tradicionais", mas nomeados a partir da etnia, da origem, da geografia ou da condição social. Já no

Brasil, o tema vem sendo reposto de maneiras variadas. De um lado, não há como negar a evidência de uma convivência, de fato, singular, e a existência de um projeto oficial de identidade pautado em modelos culturais mestiçados. De outro, essa mesma sociabilidade ímpar referenda uma divisão outrora naturalizada (e hoje culturalizada) que se refere a "aptidões" e costumes. Há uma espécie de compartimentalização consensual de atividades, em que fica explícito, pela convenção, que a inclusão social se dá na música, no esporte e nas artes de maneira geral. Já em outros locais — no exercício da política, da ciência, no convívio social —, o suposto é que "cada um conhece seu lugar". Quem sabe a ausência de leis discriminatórias ajude, paradoxalmente, a jogar para o lugar do silêncio e dos interditos certas práticas costumeiras de discriminação. Afinal, é no espaço doméstico, das práticas do senso comum, que se exclui e se renaturaliza um jogo de possibilidades e de impedimentos.

É certo que no Brasil não existem discursos raciais oficiais a legitimar a exclusão, leis e instituições discriminatórias, ou modelos dicotômicos que impõem limites estritos para pretos e brancos — o que constitui ganho inestimável —; no entanto, e mesmo assim, sobrevive uma robusta segregação que atinge sobretudo os pobres e os negros, que são ainda mais pobres. Hora de terminar com dois provérbios, os quais funcionam a partir dos supostos que disseminam. O primeiro afirma que "de noite todos os gatos são pardos". Pardo é categoria imprevisível e indeterminada, e nomeia nosso racismo ambivalente e poroso, ainda mais à noite. Mas há ainda mais um, que se refere ao outro lado da moeda. "Eles que são brancos que se entendam" diz respeito, como mostra Arcádio Diaz, a novos interditos. De um lado, o dito lembra como na lógica cotidiana se joga para a terceira pessoa do plural o espaço do mando e da autoridade. Por outro, quem são eles e quem somos nós, não há como saber. O que se sabe é que se trata de uma relação plena de silêncios, ambivalências e convenções que se impõem pela história, pela memória e por inúmeros não ditos. Vale a pena, portanto, observar o uso social do conceito, e notar como ele vem sendo agenciado não só por grupos militantes, como no senso comum, de uma forma geral. De nada ajuda ficarmos presos a uma definição canônica, se o conceito está nas ruas e sendo negociado como discurso social, no sentido de operar na sociedade e produzir efeitos. Pensada dessa maneira, "raça" (com aspas) iluminaria para novos sentidos disseminados tanto pela teoria do senso comum (que cotidianamente divide e discrimina segmentos sociais), como ao ser utilizada numa agenda de inclusão social.

Raças e cores no Brasil atuam como classificações sociais arbitrárias, mas não aleatórias. Fazendo um paralelo com o que ensina Manuela Carneiro da Cunha — quando pensa etnicidade —, também raças são construções diacríticas, relacionais, posicionais. Constituem, assim, argumento político poderoso, para uma realidade política igualmente aguda, que permite entender, e muito bem, por que, afinal, Grafite reagiu a uma situação que tenderia a acomodar se ela se apresentasse no privado, mas que considerou inadmissível quando manifestada em público.

SUGESTÕES DE LEITURA

CUNHA, Manuela Carneiro da. *Cultura com aspas e outros ensaios de antropologia*. São Paulo: Cosac Naify, 2009.

FRY, Peter. *A persistência da raça*. Ensaios antropológicos sobre o Brasil e a África austral. Rio de Janeiro: Civilização Brasileira, 2005.

GUIMARÃES, Antonio Sérgio. *Classes, raças e democracia*. São Paulo: Editora 34, 2002.

MAGGIE, Yvonne. *Divisões perigosas*: políticas raciais no Brasil contemporâneo. Rio de Janeiro: Civilização Brasileira, 2007.

SCHWARCZ, Lilia Moritz. "Nem preto, nem branco, muito pelo contrário". In: ____. (Org.). *História da vida privada*. São Paulo: Companhia das Letras, 1999. v. IV.

TELLES, Edward. *Racismo à brasileira*. Rio de Janeiro: Relume Dumará, 2003.

GÊNERO, OU A PULSEIRA DE JOAQUIM NABUCO

Mariza Correa

Joaquim Nabuco é um dos meus "pensadores sociais" favoritos: bela estampa, uma integridade a toda prova e um português sem jaça nos seus escritos. E não isento das contradições que nos assolam a todos — entre o que pensamos, racionalmente, e o que sentimos, como parte de nossa educação e de nossa época. Só o fato de ter sido um liberal monarquista já é um bom exemplo disso. Outro, é o de ter saído de seu lugar circunscrito pelo nascimento, a elite da época, e ter trabalhado junto com os movimentos sociais de seu tempo para agitar a causa da abolição nas ruas. Agitou-a também na Europa, tendo sido um participante assíduo das reuniões da Anti-Slavery Society de Londres — que sobrevive até hoje, agora como Anti-Slavery International —, e, ainda que não fosse religioso na época, até conseguiu uma declaração do papa contra a escravidão, antes de ela ser abolida. Ele concentra, assim, de certo modo, as variadas contradições de um intelectual do seu tempo, e em sua biografia se encontram também muitas pistas para entendermos as disputas da sociedade de então sobre o que significava ser homem e ser mulher na época, isto é, sobre como as relações de gênero eram vividas.

Ele é, ainda, um bom exemplo da *formação* dos homens públicos brasileiros no século XIX, cuidado por escravas na sua infância, como se vê por um trecho do capítulo mais bonito de *Minha formação*, no qual Nabuco relembra: "'O menino está mais satisfeito', escrevia a meu pai o amigo que devia levar-me [para o Rio de Janeiro] 'depois que eu lhe disse que a sua ama o acompanharia'". Sua ama, e sua madrinha, que o criou até os oito anos, são figuras presentes nessas memórias, quase sem referência a outras mulheres — nem sua mãe, nem sua esposa aparecem aqui. Talvez não por acaso, um dos juristas da época, Caetano Soares, propunha que as amas que tivessem dedicado sua vida a um senhor — será que também a uma senhora? — fossem consideradas livres.

Quando jovem, tendo aderido ao dandismo, uma moda bem espalhada no minúsculo grupo da elite brasileira, copiando a francesa, Nabuco usava roupas apuradas, cabelos frisados e brilhantina nos bigodes — e sua figura chegou a ser alvo da chacota de seus inimigos. Candidato a deputado, foi gozado em prosa e verso pelos jornais de oposição em Pernambuco, seu estado natal, como "o candidato da pulseira" — "coisas de senhora" — porque usava uma pulseira de ouro. Era também chamado de pavão, e o pai de uma de suas namoradas a advertia de que ele tinha "papelotes nas mangas" — seja lá o que for que isso quisesse dizer — e, além de tudo, foi apelidado de "Quincas, o Belo".

Se essa vinheta de sua biografia mostra como seus contemporâneos podiam utilizar os sinais típicos do masculino/feminino de maneira a redefinir politicamente esses sinais, um bom exemplo de utilização, no sentido inverso, pode ser visto na relação de Joaquim Nabuco com a noiva com a qual não se casou. Eufrásia Teixeira Leite, rica herdeira de fazendas de café em Vassouras, ficou órfã muito cedo e mudou-se com sua irmã para Paris, para escapar à tutela de parentes masculinos, na época obrigatória para mulheres sós. Lá, tornou-se provavelmente a primeira brasileira a ser uma mulher de negócios na cena internacional — aplicando na Bolsa de Valores, investindo suas ações em vários países e vivendo uma vida independente. Em suma, no século XIX, Eufrásia vivia como um homem rico de sua época viveria. E foi sua atuação "masculina" que fez com que seu romance com Nabuco fosse de vez por água abaixo — como a biógrafa dele comenta, parecendo, ela também, ter aderido aos "ares do tempo" sobre o que se esperava das relações entre homens e mulheres, sobre a oferta da noiva a um homem sempre endividado, a de criarem um jornal ou se associarem em algum negócio:

> Nabuco ficou ofendido. [...] Na sua virilidade, rebaixado da obrigação de provedor para o lugar feminino por excelência, de dependente. Nessa inversão de papéis, viu pela primeira vez a noiva sem o véu romântico. Reconheceu a bem-sucedida mu-

lher de negócios, preocupada em fazer dinheiro de dinheiro, pondo tudo em termos práticos, sem arroubos de ternura. A situação descortinava a superioridade material dela e escancarava o problema que ele escamoteava.

ESCRAVAS E SINHÁS

Em 2011, a chamada Lei do Ventre Livre, analisada no livro de Joaquim Nabuco — *Um estadista do Império* —, completou 140 anos. E o que é que isso tem a ver com gênero e pensamento social no Brasil? Muita coisa. A associação da maternidade à liberdade remete a uma discussão bem específica sobre o papel da mulher na escravidão. *Partus sequitur ventrem*, dizia a norma romana, adotada até pelos Estados Unidos, que, para assegurar o controle dos filhos das escravas, abandonara a consagrada tradição inglesa de que os filhos seguiam o estatuto do pai. A rigor, a discussão da lei que pretendia libertar os filhos de escravas era ociosa, já que, como Joaquim Nabuco bem mostrou em *O abolicionismo*, a maior parte das escravas em idade fértil no Brasil, em 1871, tinha sido escravizada ilegalmente, ou eram filhas de escravos ilegais, já que a lei que determinava o fim do tráfico (1831) — depois chamada de "lei para inglês ver" — determinava também que qualquer um que aqui chegasse como escravo seria imediatamente considerado livre.

Algumas das discussões em torno da lei proposta, no entanto, são interessantes para pensar: todas as análises sobre a história da escravidão mostram o que Joaquim Nabuco dizia em 1883, que as esperanças da continuidade da escravidão, depois da abolição do tráfico, estavam concentradas na *fecundidade da mulher escrava* — mas não necessariamente na existência de famílias escravas. A partir de quando a família escrava tinha sido aceita como existente pelos políticos que vão discutir essa lei é uma questão controversa: José de

Alencar, notório antiabolicionista, quando ministro da Justiça promulgara uma lei que proibia a separação dos integrantes da família escrava (1869); Joaquim Nabuco vê em Silveira da Mota um precursor dessa lei, afirmando que ele criou a família escrava em 1862 — e cita ainda José Bonifácio como um precursor anterior. Mas é a seu pai, Nabuco de Araújo, a quem atribui a defesa da *integridade perpétua da família escrava*, com uma amplitude nunca vista antes. O interesse pelas escravas e sua prole, especialmente quando se tratava da prole nascida da *conjunção carnal* com o senhor da escrava, no entanto, não era novo: uma pesquisa sobre os juristas reunidos no Instituto dos Advogados mostra que eles debatiam o assunto, como um dos temas centrais da questão escrava no Brasil, desde 1840.

Seja como for, ao se instalar a discussão sobre a possibilidade da libertação dos escravos por nascer, instaura-se também a discussão sobre a posição de suas mães. Mães escravas de filhos livres? Isso não era mera possibilidade teórica: Robert Slenes dá o exemplo de um filho livre de escrava cujo primeiro ato ao atingir a maioridade foi libertar a mãe, escrava de seu pai, de quem a herdara. O debate duraria pelo menos quatro anos, à espera do final da Guerra do Paraguai, para que a discussão da *questão servil* não desmantelasse a *homogeneidade da nação*, conseguida com a guerra. Durante essa guerra, aliás, vários escravos brasileiros que dela participaram tinham sido alforriados, assim como todos os escravos paraguaios, quando o exército brasileiro invadiu aquele país. Mas já em 1867, ao discutir a alternativa de se libertarem primeiro as escravas em idade fértil, Nabuco de Araújo previa: "E as mulheres, que na escravidão trabalham, sob a liberdade tomariam os encargos domésticos".

Isto é, as mulheres escravas, que até então podiam ser vistas, implicitamente, como homens, já que trabalhavam, ao contrário das mulheres brancas, se libertadas certamente adotariam a norma social vigente — cuidar da casa e dos filhos — desde que sob a égide de um *pater familias*. Como um dos mais abalizados analistas da escravidão na época, Perdigão Malheiro explicita, em seu discurso como deputado, durante a discussão da Lei do Ventre Livre, ao falar sobre o perigo de tirar dos senhores de escravos o poder sobre eles, fazendo uma analogia com o direito doméstico: "Tirai ao pai este direito sobre o filho, tirai ao marido este direito sobre a mulher, proclamai a emancipação da mulher e dos filhos, onde irão parar as relações de família, a ordem social, e todas as suas consequências?".

A discussão sobre a lei parecia pôr a sociedade de cabeça para baixo — e não só porque estava abalando um dos pilares centrais da sociedade, a escravidão, como é a ênfase da maior parte dos historiadores que tratam do tema, mas porque estava pondo em xeque vários dos valores familiares daquela sociedade, um deles a subordinação das mulheres.

Ou seja, que o que se debatia quando se discutia a Lei do Ventre Livre ia muito além da possibilidade de libertação daqueles que iam nascer. De repente, convinha para a sociedade que existisse uma *família* escrava e que existisse uma *condição feminina*, dependente, das escravas, análogas ambas à das famílias e mulheres brancas.

Assim como os discursos políticos da sua época, registrados por Nabuco, mostravam como se estava tentando atribuir uma condição feminina às escravas — redefini-las como mulheres, parte de uma família, cujo único padrão na época era o de donas de casa, sujeitas ao seu marido —, havia também nas entrelinhas das relações pessoais e sociais dessa época uma disputa sobre o que significava ser homem e o que significava ser mulher na sociedade brasileira, que os debates sobre a Lei do Ventre Livre vão acirrar: afinal, uma escrava é uma mulher?, pareciam perguntar-se os políticos que participavam dessa discussão. De repente, parecia ficar claro que as escravas trabalhavam, e que o trabalho era o grande diferencial entre homens e mulheres naquela sociedade — e que o único modo de transformar uma escrava em mulher seria retirar-lhe essa possibilidade.

Muitas mulheres parecem ter feito rapidamente a analogia — são inúmeros os exemplos históricos de vinculação do movimento abolicionista com o movimento feminista na época, a começar pelas socialistas feministas russas e o movimento pela abolição dos servos naquele país, continuando com as íntimas relações entre o movimento abolicionista e as feministas na América do Norte e as várias feministas da Anti-Slavery Society, com quem Joaquim Nabuco deve ter convivido na Inglaterra. No Brasil, essa relação ainda está por ser mais bem estabelecida — o pouco que sabemos é que boa parte das feministas brasileiras da época era abolicionista: Nísia Floresta, Francisca Senhorinha da Motta Diniz, Júlia Lopes de Almeida, Chiquinha Gonzaga, Francisca Amélia de Assis Faria, Maria Firmina dos Reis, autora do primeiro romance abolicionista... E é fato bem conhecido a enorme participação de mulheres no movimento abolicionista brasileiro, em todas as províncias. A biógrafa de Joaquim Nabuco anota: "Mesmo sem voto, as mulheres ganharam destaque, com camarotes reservados no [teatro] Santa Isabel [no Recife] para ver Quincas, o Belo, de perto. Ele retribuiu em conferência exclusiva para as abolicionistas, congregadas na associação Ave Libertas".

GÊNERO

Como os leitores e leitoras já devem ter percebido, a noção de gênero não é propriamente um tema do pensamento social brasileiro — assunto deste artigo. É antes uma maneira de olhar, um olhar transversal, uma leitura de entrelinhas, que busca na análise das convenções vigentes um modo de entender como as diferentes sociedades atribuem características femininas ou masculinas aos seus integrantes — quais são suas contradições, os termos em disputa e, principalmente, as questões implícitas em todas essas atribuições. Um dos primeiros textos de discussão das questões de gênero — *The traffic in women*, de Gayle Rubin, até hoje retomado pelas analistas — emprestava seu título de um artigo com o mesmo nome, da anarquista e feminista Emma Goldman (de 1910). Emma criticava a hipocrisia do tratamento privilegiado dado ao chamado "tráfico de escravas brancas" — a prostituição exportada da Europa, especialmente de mulheres judias, para o resto do mundo —, já que ela considerava que todas as mulheres eram escravas. Emma não trata disso, mas podia ter tratado: o mesmo racismo que se aplicava ao tráfico de africanos se aplicava ao "tráfico" de judias: seres inferiores, "diferentes", aos quais se atribuía a *causa* de serem traficadas — como até hoje nas notícias dos jornais, nas falas de alguns políticos, na discussão sobre cotas para negros nas universidades se atribui aos africanos a causa da sua escravidão.

A "questão de gênero" tem, assim, uma longa genealogia política — suas raízes estão na Revolução Francesa, no feminismo socialista, e anarquista, no feminismo associado ao abolicionismo norte-americano, no feminismo inglês, de luta pelo voto — e, no Brasil, apesar de terem uma história anterior, as feministas se definiram melhor durante a luta contra a ditadura militar. As várias tradições históricas dessa questão, que são também tradições nacionais — somadas às tradições disciplinares que as atravessam, da história, da antropologia, da teoria literária, da psicanálise etc. —, contam assim uma história bastante multifacetada dessa pergunta — do que se trata, quando se trata de gênero? Trata-se de várias coisas, dependendo do contexto, do momento histórico, da história que está sendo contada. A história acima é só um pequeno exemplo dos usos que podemos fazer da noção de gênero, ao ler os debates sobre um dos temas mais importantes do pensamento social no Brasil — o abolicionismo.

SUGESTÕES DE LEITURA

ALONSO, Ângela. *Joaquim Nabuco*: os salões e as ruas. São Paulo: Companhia das Letras, 2007.

GREGORI, M. F. Estudos de gênero no Brasil: comentários críticos. In: MICELI, Sergio (Org.). *O que ler na ciência social brasileira (1970-95)*. São Paulo: Sumaré; Anpocs, 1999. pp. 223-35.

NABUCO, Joaquim. *Um estadista do Império*. Rio de Janeiro: Nova Aguilar, 1975.

PENA, Eduardo Spiller. *Pajens da casa imperial*. Jurisconsultos, escravidão e a lei de 1871. Campinas: Editora da Unicamp, 2001.

SLENES, Robert W. Senhores e subalternos no oeste paulista. In: ALENCASTRO, Luiz Felipe de (Org.). *História da vida privada no Brasil*. São Paulo: Companhia das Letras, 2006. v. II, pp. 233-90.

SORJ, B.; HEILBORN, Maria Luiza. Estudos de gênero no Brasil. In: MICELI, Sergio (Org.). *O que ler na ciência social brasileira (1970-95)*. São Paulo: Sumaré; Anpocs, 1999. pp. 183-221.

HOMOSSEXUALIDADE E MOVIMENTO LGBT: ESTIGMA, DIVERSIDADE, CIDADANIA

Júlio Assis Simões

31

Acostumamo-nos a ver, em várias cidades brasileiras, multidões de pessoas reunidas em manifestações organizadas para celebrar o "Orgulho LGBT", sigla que se refere a lésbicas, gays, bissexuais, travestis, transexuais, transgêneros. No Brasil, assim como em vários outros países, os modernos movimentos LGBT representam um desafio às formas de condenação e perseguição social contra desejos e comportamentos sexuais anticonvencionais associados a vergonha, imoralidade, pecado, degeneração, doença. Falar do movimento LGBT implica, portanto, chamar a atenção para a sexualidade como questão social e política, seja como fonte de estigmas, intolerância e opressão, seja como meio para expressar identidades e estilos de vida.

A sexualidade é uma referência privilegiada em muitas interpretações clássicas do Brasil. Sensualidade e luxúria, manifestadas como uma espécie de propensão coletiva à precocidade sexual e ao desregramento erótico, foram apontadas como traços importantes (ou mesmo definidores) da brasilidade, por autores tão diversos em contextos distintos como Nina Rodrigues (1862-1906), Paulo Prado (1869-1943) e Gilberto Freyre (1900-87). Deve-se observar que a visão do Brasil como terra do excesso sexual provinha já dos primeiros tempos da colonização, como sugerem os relatos de viajantes sobre práticas do "pecado nefando" entre os ameríndios e documentos sobre confissões e denúncias de sodomia durante a visitação do Santo Ofício, na Bahia e em Pernambuco, no final do século XVI e começo do XVII. Nas interpretações da formação social brasileira que se desenvolveram desde o final do século XIX até meados do XX, causas variadas foram propostas para explicar aquele pendor: a influência do calor tropical; a natureza supostamente mais excitável, ardente e descontrolada de africanos, ameríndios e portugueses; as condições sociais de desigualdade, violência e degradação moral forjadas na escravidão; ou, ainda, uma combinação de tudo isso. Diferenças de ênfase à parte, essas interpretações corroboraram a visão de um Brasil marcado por uma sexualidade excessiva, com sua busca de prazeres "perversos" de toda sorte, entre os quais se destacavam as relações entre pessoas do mesmo sexo.

Apesar da importância que vários autores clássicos do pensamento social brasileiro atribuíram à sexualidade, somente a partir dos anos 1970 o tema deixou de ser incidental e se tornou foco de pesquisa sistemática nas nossas ciências sociais. Isso se ligou, em boa parte, ao contexto de intensificação dos movimentos em defesa da liberdade sexual nos Estados Unidos e na Europa durante a chamada "contracultura" dos anos 1960, culminando com a famosa rebelião dos frequentadores homossexuais do clube Stonewall contra a polícia de Nova York, no começo do verão de 1969. Na cena norte-americana, palavras de ordem como "assumir-se" e "sair do armário" simbolizavam o anseio de tornar visível e fonte de orgulho o que até então era motivo de vergonha e vivido na clandestinidade.

No Brasil dos anos 1970, sob a ditadura militar, formas locais de desbunde e contestação cultural abriram brechas na repressão política. A androginia adquiria então um potencial subversivo. Em seu primeiro espetáculo no Brasil depois da volta do exílio na Inglaterra, em 1972, o cantor e compositor Caetano Veloso surpreendia o público ao usar batom e encenar maneirismos à moda de Carmen Miranda. Ao mesmo tempo, surgia o grupo teatral Dzi Croquettes, cujos componentes misturavam barbas, cílios postiços, peitos peludos, sutiãs, meiões de futebol e saltos altos em espetáculos de humor, canto e dança que percorriam o país com grande impacto. Os Dzi Croquettes buscavam vivenciar no cotidiano o que representavam no palco, mobilizando fãs ou "tietes" com quem formavam uma comunidade com múltiplas relações eróticas e afetivas. Essas intervenções artísticas e existenciais foram, em boa medida, precursoras e coprodutoras da "saída do armário" no Brasil. No final da década de 1970, em meio a um movimento crescente de oposição ao regime militar, emergiria um movimento homossexual no país, cujos marcos foram a criação do jornal *Lampião* e a fundação do grupo Somos de Afirmação Homossexual, ambas em 1978.

Também nesse momento os trabalhos do filósofo e historiador francês Michel Foucault (1926-84) sobre a produção histórica e social da loucura, do crime e da sexualidade foram introduzidos nos cursos de ciências humanas no Brasil. Em sua *História da sexualidade: a vontade de saber* (publicado na França em 1976 e traduzido no Brasil já no ano seguinte), Foucault argumentou que os especialistas médicos, desde a segunda metade do século XIX, em seus esforços de conhecer e prevenir tudo aquilo que poderia ameaçar a saúde do indivíduo e da nação, contribuíram decisivamente para estabelecer uma série de classificações de tipos humanos que deram corpo às sexualidades "marginais" ou "perversas". Dessa forma, os médicos ajudaram a promover uma nova forma de controle social, tendo a sexualidade como alvo, ao mesmo tempo que moldaram novos personagens sociais. Um exemplo seria a figura do "homossexual", que substituiu a figura do "sodomita" na linguagem da medicina e do direito. Na visão influenciada pela religião, o sodomita era um praticante eventual ou reincidente de relações sexuais ilícitas. Na visão dos especialistas médicos, o "homossexual" passava a ser um tipo de natureza física e psíquica singular, situada entre o masculino e o feminino, que se manifestaria em seu corpo, seu temperamento e sua conduta.

No âmbito do debate brasileiro dos anos 1970, cabe destacar o trabalho do antropólogo Peter Fry, por sua relevância para a configuração de uma área de estudos voltada às conexões entre homossexualidade, cultura e política, que também desenvolvia uma abordagem da sexualidade como produto histórico e social. Fry argumentou que no Brasil, na passagem do século XIX para o XX, também se elaborou uma compreensão do "homossexual" como um ser dotado de natureza singular. Nossos especialistas médicos não apenas codificaram e descreveram "anormalidades" sexuais, mas procuraram associá-las a explicações para degeneração, delinquência e loucura fundamentadas em diferentes versões do determinismo biológico e das teorias raciais em voga.

A visão médica da homossexualidade viria se contrapor a um modelo mais antigo e persistente de classificação de tipos sexuais, que Fry denominou de "hierárquico-popular". Nele, as categorias referidas às práticas homossexuais estão englobadas por uma hierarquia de gênero, distinguindo as figuras do "homem" e da "bicha" (ou "viado", "boiola", "xibungo" etc.), em termos de seu papel no ato sexual. Na lógica do modelo hierárquico-popular, os atos de penetrar e de ser penetrado adquirem os sentidos respectivos de dominação e submissão por meio das categorias de "ativo" e "passivo" (e várias outras expressões populares correspondentes, como "comer" e "dar", "ficar por cima" e "ficar por baixo", "meter" e "abrir as pernas" etc.). O parceiro ativo dominador conservaria sua masculinidade, enquanto o feminino é quem se entregaria de forma subalterna e servil. Seria possível conceber também uma versão desse modelo para as relações homossexuais femininas, com a figura do "sapatão" (ou "paraíba", "fancha", "mulher-macho" etc.), que desempenharia o papel "ativo" ao se relacionar com "mulheres".

Fry sugeriu que o modelo hierárquico-popular teria raízes históricas profundas, mas não seria uma peculiaridade brasileira. Distinções similares de "ativo" e "passivo" já constavam em cancioneiros medievais que mencionavam praticantes do coito anal. Recuando ainda mais no tempo, podemos encontrá-las na Roma antiga, onde o cidadão adulto que se deixasse penetrar em relações homossexuais era vilipendiado em sua honra viril, enquanto a passividade era adequada aos jovens escravos. Cabe lembrar que Gilberto Freyre, em *Casa-grande & senzala* (1933), já havia equiparado o papel do moleque, como paciente do senhor moço entre as grandes famílias escravocratas do Brasil, ao do escravo púbere escolhido para companheiro do rapaz aristocrata no Império Romano, observando que, "através da submissão do moleque, seu companheiro de brinquedos e expressivamente chamado de 'leva pancadas', iniciou-se muitas vezes o menino branco no amor físico".

Enquanto o modelo hierárquico-popular diz quem é masculino e quem é feminina, o modelo médico-psicológico insiste na distinção entre homossexualidade e heterossexualidade. Em um primeiro momento, os médicos incorporaram em suas classificações os princípios da hierarquia de gênero, dividindo os homossexuais em "ativos" e "passivos", parcialmente correspondendo a suas concepções de homossexualidade "adquirida" e "congênita". O modelo médico-psicológico se encaminharia depois para uma representação mais homogênea dos diferentes tipos, baseada em uma noção de orientação do desejo sexual. Assim, os homens que mantivessem relações sexuais com outros homens seriam considerados "homossexuais", não importando mais se é "ativo" ou "passivo".

Essa passagem é importante, pois permite a Fry argumentar que um modelo "igualitário-moderno" teria surgido como uma derivação do modelo médico-psicológico, mudando-se o valor social atribuído aos termos. Se "homossexual" apresenta conotações de patologia, perturbação e crime, termos como "gay" vêm substituí-lo para expressar literalmente uma pessoa "alegre" e "feliz". O modelo igualitário-moderno alargaria a visão de que a orientação do desejo sexual é o que importa para identificar os parceiros de uma relação homossexual, ao mesmo tempo que buscaria separar a homossexualidade da inversão de gênero. Se "bicha" ou "travesti" trazem as conotações de afeminação e espalhafato, termos como "entendido" ou "gay" vêm substituí-los para referir-se a rapazes que, mesmo "alegres", são discretos e viris.

É nesse terreno de convivência e disputa entre modelos concorrentes — com ênfase na igualdade de orientação sexual em contraposição à hierarquia de gênero — que Fry e outros pesquisadores situaram a emergência do movimento político em defesa dos direitos homossexuais no Brasil, no final dos anos 1970. Desde então, o movimento homossexual colaboraria de forma decisiva para a expansão do modelo igualitário-moderno, que se daria principalmente entre as classes médias urbanas, como também dependeria dessa expansão. As diferenças de valor entre "igualdade" e "hierarquia" nas relações homossexuais ajudariam a produzir uma hierarquia entre os próprios modelos, tornando-se assim um meio privilegiado de expressar e constituir distinções de classe. O emergente movimento político homossexual tenderia a incorporar a crítica aos papéis de gênero convencionais, formulada pelo feminismo. Desse modo, entraria em tensão crescente com os valores e comportamentos que prevaleceriam no universo "tradicional" e "atrasado" das "bichas", "sapatões" e travestis.

Algumas qualificações podem ser feitas acerca dessa influente leitura da estruturação da homossexualidade e do movimento homossexual no Brasil. Em primeiro lugar, ela sugere uma tendência geral de transição do modelo hierárquico para o igualitário, através da mediação do modelo médico, cuja realização histórica não pode nem deve ser entendida de forma linear. O historiador James Green mostrou evidências de identidades homossexuais masculinas que extrapolavam o binário ativo/passivo na cena urbana brasileira desde a virada do século XIX para o XX — contemporâneas, portanto, dos primeiros momentos de produção da visão médico-psicológica do "homossexual", e bem anteriores ao surgimento e popularização das categorias de "entendidos" e "gays".

Em segundo lugar, a insistência no termo "modelo" é crucial para definir com mais clareza o plano em que essa leitura se situa: isto é, das ideias, valores e suas conexões lógicas, por meio das quais comportamentos e identidades ganham inteligibilidade social, demarcam regras e contravenções.

Em contrapartida estão os processos através dos quais indivíduos tornam-se sujeitos e agentes sociais, incorporando-se e reconhecendo-se em determinadas categorias; o que abre espaço para variações, deslocamentos e transformações nos próprios modelos. Assim, podemos encontrar rapazes que fazem sexo com outros homens por dinheiro ou alguma outra forma de recompensa, e que podem até desempenhar o papel "passivo" no ato sexual, mas que não deixam de se considerar e de ser considerados como "homens". Temos ainda as travestis, que adotam nomes e modos de tratamento no feminino, submetem-se a modificações corporais irreversíveis para adquirir vistosas formas femininas, mas não se acham necessariamente "mulheres" e, muitas vezes, desempenham o papel "ativo" no ato sexual. Além disso, podemos encontrar homens e mulheres que se dispõem à experimentação erótica com pessoas do mesmo sexo ou do sexo oposto, sem recorrer a identidades fixas de orientação sexual.

Essa dinâmica não deixou de repercutir na própria trajetória do movimento LGBT no Brasil. O antropólogo Edward MacRae, em seu trabalho sobre o Somos, de São Paulo, um dos primeiros grupos homossexuais formados no final dos anos 1970, mostra que já naquele momento os militantes se dividiam quanto a se constituir ou não em torno de uma identidade homossexual. Havia então uma grande inquietação quanto aos riscos de se cristalizar (ou "reificar", para usar uma expressão mais comum à época) a oposição entre hétero e homossexualidade, e daí promover novos rótulos e estigmas. MacRae registrou sua própria angústia de trabalhar com pressupostos analíticos (baseados na visão da homossexualidade como um papel social e historicamente construído) que se contrapunham a um princípio importante para a solidariedade do grupo, de que a homossexualidade seria uma característica interna e inescapável de cada pessoa.

Nos anos 1980 o cenário mudou. A eclosão da epidemia HIV-Aids trouxe de volta velhas associações entre homossexualidade e doença, enquanto a democratização acenava com a abertura de canais de comunicação com o Estado, especialmente com as autoridades de saúde envolvidas nas respostas sociais à Aids e com os novos partidos políticos. A partir de então, é possível observar também o desenvolvimento de um estilo de atuação política diferente, mais preocupado com aspectos formais de organização institucional e que buscava se organizar em torno de campanhas específicas, como a mobilização para incluir a proibição de discriminação por "orientação sexual" durante a Assembleia Constituinte. Embora não tenha atingido seu objetivo, essa campanha envolveu um significativo esforço pela produção de um consenso em torno da ideia de "orientação sexual". A pesquisa da antropóloga Cristina Câmara sobre o grupo Triângulo Rosa, do Rio de Janeiro, no final dos anos 1980, mostra como essa campanha mobilizou vários cientistas sociais brasileiros, que proferiram pareceres ressaltando vantagens da expressão "orientação sexual" como instrumento capaz de promover o direito individual à liberdade sexual e propiciar ao movimento maiores possibilidades de diálogo com a sociedade civil e com as diferenças.

Ao longo dos anos 1990, as parcerias com o Estado em torno do combate à Aids consolidaram-se e deram impulso à multiplicação de grupos ativistas, inclusive de lésbicas e de travestis, promovendo a diversificação e a incorporação dos vários sujeitos do movimento homossexual na atual sigla LGBT. Parte considerável das entidades de base do movimento aderiu ao formato de organizações não governamentais (ONGs), estabelecendo estruturas mais formais de organização interna, conduzindo uma rotina de elaboração de projetos e relatórios, preocupando-se com a "capacitação de quadros" para estabelecer relações duráveis com técnicos de agências governamentais e organismos internacionais. A pesquisa da antropóloga Regina Facchini mostra como esse processo se deu em um pequeno grupo de ativistas de São Paulo, na segunda metade dos anos 1990.

Nesse período mais recente, o movimento LGBT lança campanhas pelo reconhecimento legal dos relacionamentos homossexuais e pelo combate à discriminação e à violência contra homossexuais, que contribui para popularizar o termo "homofobia". É também o momento de emergência e consagração das Paradas do Orgulho LGBT, paralelamente ao crescimento de um mercado segmentado e à proliferação de diversos estilos de vida associados à homossexualidade, que acaba por refratar em múltiplas categorias e identidades.

Grande parte da visibilidade social e política alcançada pelo movimento LGBT deveu-se ao seu processo recente de institucionalização e estabelecimento de parcerias com o Estado. Nesse campo de relações, há vantagens, mas também riscos. Abrem-se novos canais para pressões vindas "de baixo", que, entretanto, podem também favorecer novas redes de clientela que amorteçam o potencial crítico do movimento. Sob esse aspecto, a trajetória do movimento LGBT recoloca de forma eloquente um fenômeno bastante conhecido e atual: a interpenetração e a porosidade entre Estado e sociedade civil no Brasil. Poderia ser diferente? Afinal, o movimento LGBT leva consigo as tramas e tensões da sociedade em que está enredado.

SUGESTÕES DE LEITURA

CÂMARA, Cristina. *Cidadania e orientação sexual*: a trajetória do grupo Triângulo Rosa. Rio de Janeiro: Academia Avançada, 2002.

FRY, Peter. Da hierarquia à igualdade: a construção histórica da homossexualidade no Brasil. In: ____. *Para inglês ver*: identidade e política na cultura brasileira. Rio de Janeiro: Zahar, 1982. pp. 87-115.

GREEN, James. *Além do carnaval*: a homossexualidade masculina no Brasil no século XX. São Paulo: Editora da Unesp, 2000.

MACRAE, Edward. *A construção da igualdade*: identidade sexual e política no Brasil da "abertura". Campinas: Editora da Unicamp, 1990.

SIMÕES, Júlio Assis; FACCHINI, Regina. *Na trilha do arco-íris*: do movimento homossexual ao LGBT. São Paulo: Fundação Perseu Abramo, 2010.

AMAZÔNIA: POVOS TRADICIONAIS E LUTA POR DIREITOS

Neide Esterci

Terra de espanto e assombro para alguns, objeto de cobiça sem constrangimentos para outros, do ponto de vista das ciências da terra, a Amazônia pode ser pensada como um bioma, um conjunto de ecossistemas cujas características físicas e geográficas singulares se estendem por nove países da América do Sul: Brasil, Bolívia, Colômbia, Equador, Guiana, Guiana Francesa, Peru, Suriname e Venezuela. São quase 8 milhões de km^2 de rios enormes, milhares de lagos e ilhas, áreas de terra firme e florestas inundáveis de várzea, nas quais o nível das águas chega a variações anuais de mais de doze metros, como acontece no curso médio do rio Solimões, no estado do Amazonas. No território brasileiro, encontram-se 60% de suas florestas.

Aí vivem e se reproduzem mais de um terço das espécies existentes no planeta. São cerca de 2500 espécies de árvores, mil espécies de aves, 311 espécies de mamíferos já registradas. Segundo o Ministério do Meio Ambiente, a floresta amazônica emite para a atmosfera mais de 7 trilhões de toneladas de água, através da evaporação e transpiração das plantas, e seus rios despejam aproximadamente 12% de toda a água doce fluvial descarregada, por ano, nos oceanos de todo o mundo. Só do rio Amazonas, o mais extenso e caudaloso da bacia, chegam ao Atlântico 230 milhões de litros d'água por segundo. Tudo isso, porém, em um ecossistema muito frágil, porque as árvores, que chegam a ter cinquenta metros de altura, tiram poucos nutrientes do solo, em sua maior parte pobre, de modo que a floresta vive do material que as próprias árvores lançam no chão. Daí os cuidados necessários para não romper o equilíbrio.

Por decreto-lei de 1966, o governo brasileiro criou, como instrumento de suas políticas, a chamada Amazônia Legal, para a qual procurava atrair, através da concessão de incentivos generosos, os interessados em realizar ali algum empreendimento econômico, dentro do projeto de desenvolvimento proposto para a região. A Amazônia Legal abrange uma extensão maior que o bioma Amazônia e nela se incluem os estados do Amazonas, Pará, Roraima, Rondônia, Acre, Amapá, Tocantins, Mato Grosso e parte do Maranhão. Mas a parte acrescida pelo conceito de Amazônia Legal, como adverte o jornalista Lúcio Flávio Pinto, defensor de primeira hora da integridade amazônica e de seus povos, não é constituída pela mesma típica floresta amazônica, aquela que o cientista alemão Alexandre Humboldt chamou de Hileia Amazônica — ela inclui também áreas de outros biomas, como o cerrado.

Com tantas denúncias de destruição e desrespeito à natureza, talvez surpreenda saber que a Amazônia chegou ao século XXI com a maior parte do seu território preservado; mas o que acende o sinal de alerta é o fato de os desmatamentos terem consumido 17% da floresta no curto espaço de algumas décadas, ou seja, desde que, no final dos anos 1950, foram feitas as primeiras grandes derrubadas para a abertura de estradas como a Belém-Brasília e a Brasília-Rio Branco. Essas informações se encontram no *Almanaque Brasil Socioambiental* de 2008, do Instituto Socioambiental.

DIVERSIDADE SOCIOCULTURAL E ÉTNICA – DIREITOS ESPECÍFICOS

Mas a Amazônia não é apenas o lócus de uma enorme biodiversidade. Habitada por mais de 20 milhões de pessoas, a Amazônia brasileira é também multicultural e pluriétnica: são povos indígenas, remanescentes de quilombos, ribeirinhos, seringueiros, pescadores artesanais, quebradeiras de coco babaçu, ciganos e outros povos e comunidades com histórias, modos de vida, tradições culturais, práticas econômicas e religiosas, conhecimentos e identidades coletivas distintas.

A manifestação mais radical dessa diversidade está, sem dúvida, nos povos indígenas. Na Amazônia, são 170 povos com uma população aproximada de 180 mil pessoas, o que corresponde a 57,64% da população indígena do país, que ocupa na Amazônia o equivalente a 98,97% das terras indígenas de todo o Brasil.

De fato, nas décadas passadas, seu desaparecimento chegou a ser profetizado pelo antropólogo brasileiro Darcy Ribeiro, em *Os índios e a civilização — A integração das populações indígenas no Brasil moderno* (1970), talvez como grito de alerta às novas gerações de antropólogos e indigenistas, pois, segundo o levantamento que fizera nos anos 1950, muitos povos indígenas haviam desaparecido desde o início do século XX e vários outros viram sua população ser drasticamente reduzida. Organizações não governamentais, antropólogos, linguistas e missionários se mobilizaram nos anos seguintes: foi criado o Conselho Indigenista Missionário (Cimi) e uma rede de centenas de colaboradores começou um trabalho de levantamento — e acompanhamento — da situação de cada um desses povos, que resultou na série *Aconteceu — Povos indígenas no Brasil*, publicada desde 1980 pelo Instituto Socioambiental. Com seu imenso capital simbólico e o apoio de aliados, os povos indígenas conquistaram espaço na cena política e pela primeira vez um capítulo da Constituição lhes foi dedicado. Com direitos reconhecidos aos territórios tradicionalmente ocupados, nas décadas que se seguiram, sua população voltou a crescer. É na Amazônia que estão seus territórios mais extensos, como o Parque Indígena do Xingu (MT), com 2,8 milhões de hectares, onde vivem dezesseis etnias; a Terra Indígena do Alto Rio Negro (AM), com 11 milhões de hectares, onde vivem povos de 21 etnias; e a recém-demarcada Raposa Serra do Sol (RO), onde vivem cinco etnias, além das Terras Indígenas dos Tikuna e dos Yanomami (AM). Nesses espaços, vários povos indígenas construíram suas próprias organizações, como a Associação Terra Indígena do Xingu (ATIX) e a Federação das Organizações Indígenas do Rio Negro (FOIRN), ambas reunindo várias etnias, e têm tido a chance de recompor tradições linguísticas e mitológicas, reproduzir conhecimentos e modos de vida, e muitas vezes resgatar elementos de suas identidades sufocados ao longo de anos. No Alto Rio Negro, por exemplo, ouvi de um pajé, um sábio do povo Tuiuka, que um estudante ainda menino de um colégio salesiano, nos anos 1960, estava tão excitado com a chegada do momento de ir para casa, ao término de mais um semestre letivo em regime de internato, que no recreio se descontraiu e se pôs a falar a língua do seu povo com os colegas. Foi ouvido pelo supervisor e, como castigo, não pôde deixar o colégio, como previsto. No estado do Acre, como lembra Beto Ricardo, antropólogo e fundador do Instituto Socioambiental, o governo federal nem reconhecia, em 1975, a existência de povos indígenas. Hoje, lá existem vinte terras indígenas demarcadas, e os índios são componentes importantes do projeto dos últimos governos estaduais.

Mas, para garantir os direitos coletivos desses povos e manter suas terras extensas, são necessárias medidas de fiscalização e políticas compensatórias nas áreas de educação, saúde e produção econômica.

Além dos povos indígenas, a Constituição de 1988 reconheceu também, expressamente, os grupos remanescentes de quilombos como possuidores de condições que os distinguem da coletividade nacional e destinatários de direitos específicos, conforme publicações do Programa Nova Cartografia dos Povos da Amazônia (PNCPA). As terras que ocupam e sobre as quais devem ter direitos reconhecidos não são, necessariamente, de negros fugidos; nem a homogeneidade racial é condição do seu reconhecimento como sujeitos coletivos de direitos, pois, tanto na Constituição brasileira quanto no texto da Convenção 169 da Organização Internacional do Trabalho (OIT), o critério de reconhecimento de identidade é o da autoidentificação. Assim, e segundo informações constantes do site do Instituto Nacional de Colonização e Reforma Agrária, existem hoje, na Amazônia, nos estados do

Pará, Amapá, Maranhão e Mato Grosso, 99 terras de remanescentes de quilombos já tituladas, além de muitas comunidades quilombolas com processos de reconhecimento abertos. Só no estado do Pará, por exemplo, estão em tramitação 23 processos de titulação (segundo o site do Incra, em 27 de julho de 2010).

Outra coletividade que, no contexto do final dos anos 1980, emergiu na cena política, reivindicando direitos específicos, foi a dos seringueiros. Sua emergência, como protagonistas de um movimento político de peso, não se fez num abrir e fechar de olhos. Descendentes de nordestinos fugidos das secas e da miséria que assolavam suas famílias na região de origem, eles foram recrutados desde o final do século XIX para trabalhar na empresa seringalista, e as condições de vida e trabalho a que eram submetidos foram desde o início objeto de denúncias como as que se leem no romance *A selva* (1930), do escritor português Ferreira de Castro, que se tornou persona non grata no Brasil, acusado de denegrir a imagem do país no exterior. Também Euclides da Cunha, em *À margem da história* (1909), se referiu ao regime de aviamento que predominava nos seringais como uma forma de escravidão, pois implicava o endividamento dos trabalhadores e justificava a coerção exercida sobre eles pelos patrões. Tal como Ferreira de Castro, Euclides pensou a floresta como um ambiente grandioso e hostil: "Aquela natureza soberana e brutal, em pleno expandir de suas energias, é uma adversária do homem". E considerou negativos seus efeitos sobre "a delicada vibração do espírito na dinâmica das ideias".

Entre apogeu e períodos de crise e decadência, a empresa seringalista resistiu até meados do século XX e não trouxe grandes danos ambientais para a região, porque as seringueiras tinham que ser tratadas com cuidado e o látex extraído com delicadeza, já que trabalhadores e patrões as queriam sempre vivas e produtivas. O plantio de roças e a criação de animais pelos seringueiros, visando ao consumo familiar — atividades que, nas primeiras décadas de funcionamento da empresa, tampouco eram permitidas, uma vez que os patrões queriam que os trabalhadores se dedicassem inteiramente à extração do látex —, também não implicaram grandes desmatamentos.

Ao chegar aos seringais, os trabalhadores nordestinos tiveram que se defrontar não somente com as tempestades assustadoras, os animais e outros entes da floresta, para eles desconhecidos, mas também com os povos indígenas. Contra os índios, os patrões ordenavam as chamadas "correrias", ataques às aldeias para matança generalizada e eventuais apreensões de mulheres e crianças. Ao longo da história, muitos nordestinos se casaram com mulheres indígenas e constituíram famílias. Essa miscigenação fez com que muitos índios se tornassem seringueiros e somente muitos anos depois viessem a resgatar sua identidade, a memória e o orgulho de serem índios, como no caso dos Kuntanawa, uma história de cem anos muito bem contada pela antropóloga Mariana Ciavatta Pantoja em *Os Milton* (2008).

Mas foi no final dos anos 1980, quando os seringais já estavam em franca decadência, o látex não tinha a mesma importância econômica para a economia nacional e os seringueiros eram percebidos como trabalhadores de uma atividade em extinção, que surgiram os enfrentamentos com os novos pretendentes às terras que ocupavam. No Alto Rio Juruá, o novo patrão, que adquirira a terra, não se interessava pela atividade seringueira, apostando muito mais na derrubada da floresta para exploração de madeira; no vale dos rios Purus e Acre chegavam os paulistas, interessados no desmatamento para formação de pastos.

Nas lutas de resistência, esforço de organização e busca de uma identidade coletiva, ficaram célebres, no vale do Purus e Acre, os *empates* e líderes como Wilson Pinheiro e Chico Mendes, ambos assassinados. No Alto Juruá, a luta foi contra o pagamento da renda da terra, que se fez em grande parte através da organização sindical, na qual se destacaram líderes como Luís Claudino e Chico Ginu. Mas a proposta de um lote familiar, nos moldes sugeridos pela organização sindical, não lhes servia, porque era necessário garantir o acesso às estradas de seringa e cada lote teria que ter cerca de seiscentos hectares. Misturados com os índios, aliados aos ambientalistas, antropólogos e indigenistas, os líderes seringueiros do Acre chegaram, afinal, à reivindicação de um território, um espaço coletivo de vida e trabalho, e de proteção da floresta. Assim foi construída a figura da Reserva Extrativista, mais tarde incorporada à legislação do Sistema Nacional de Unidades de Conservação.

DESENVOLVIMENTISMO – DEVASTADOR E ESCRAVISTA

Reivindicações de controle coletivo sobre um território não eram novidade. Nos anos 1960-70, nos estados de Mato Grosso e Pará, onde aportaram as primeiras empresas beneficiadas pelos incentivos fiscais oferecidos pelos governos militares, os pequenos produtores, então referidos como posseiros, também lutaram por direitos ao território que habitavam, defendendo, em confrontos físicos e às vezes em longas audiências com representantes dos órgãos federais, a racionalidade das suas formas específicas de uso e apropriação do espaço. As marcas imprimidas sobre o espaço eram evidência de um modo de vida. Mas sob a ditadura a integração da Amazônia se faria pela negação da diferença, e, naquela conjuntura, o acesso às áreas de uso comum, como pastagens naturais, áreas de caça, matas de coqueiro e plantas medicinais, tudo isso lhes seria negado. Em *Cruzando fronteira — 30 anos de estudos do campesinato na Amazônia* (2004), o antropólogo Jean Hébette registra várias situações de confronto entre esses pequenos produtores e as empresas no estado do Pará.

Esse novo impulso para empreendimentos de larga escala na Amazônia teve início nos anos 1960. Pensada como vazio demográfico por militares e planejadores, como fronteira de recursos a explorar, nos moldes de uma área de colonização interna, a Amazônia foi, desde então, o lócus de implantação de um modelo expropriador e predatório de desenvolvimento. Centenas de hectares de terras públicas foram transferidos a particulares a preços irrisórios, e milhares de homens jovens foram trazidos ilegalmente através de longas distâncias para derrubar as matas. Muitos não voltavam. As vozes que se levantavam contra os efeitos devastadores dessas políticas tiveram dificuldades em se fazer ouvir, pois, no início dos anos 1970, o país crescia ao redor de 10% ao ano e não havia, mesmo entre planejadores e organismos internacionais de desenvolvimento, quem questionasse o modelo brasileiro. É significativo que, durante a ditadura, a Organização Internacional do Trabalho (OIT), que registrava anualmente os crimes contra a organização do trabalho no mundo inteiro, não tenha recebido uma denúncia sequer de que o Plano de Integração da Amazônia, do governo brasileiro, se fazia à custa do ressurgimento, em grande escala, das formas escravistas de emprego da força de trabalho.

MODELOS EM DISPUTA

No final da ditadura, o fracasso desses empreendimentos já era evidente e, no processo de redemocratização, dois fatores vieram imprimir nova dinâmica à história dos povos da Amazônia: a promulgação da Constituição de 1988 e o fortalecimento e a difusão dos movimentos ambientalistas no Brasil e no mundo. Abriram-se novas possibilidades e um novo cenário se descortinou. Nele, passaram a disputar espaço com as políticas desenvolvimentistas aqueles que propõem tratar a natureza com cuidado e convidam a ver a

Amazônia pelos olhos da tradição e das regras costumeiras. Os seringueiros, que por mais de cem anos habitaram a floresta sem danificá-la, se pensam como parte de "uma ordem em que humanos e não humanos se relacionam sem solução de continuidade"; para eles "os rios são habitados por caboclinhos e seres encantados" e "há animais de encante que não podem ser abatidos". Eles extraem o látex com cuidado, para que as árvores não morram e porque a seringueira, da qual extraem o leite, é mãe. A caça tem que ser repartida entre vizinhos, de acordo com regras de reciprocidade estritas, do contrário o caçador fica na condição *panema* e não tem mais sucesso na sua atividade. Mauro Barbosa Almeida, antropólogo de origem acreana, conhece bem essa tradição e escreveu sobre ela em "Direitos à floresta e ambientalismo: os seringueiros e suas lutas".

Felizmente, na Amazônia que chega ao século XXI, os povos tradicionais passaram a ocupar mais espaço e áreas ambientalmente protegidas. Hoje 22,08% de seu território estão cobertos por Unidades de Conservação; se em algumas delas, como os Parques Nacionais, as Reservas Biológicas e as Estações Ecológicas, é vedada a presença humana, em outras a proposta é conciliar a existência de grupos sociais com a conservação da natureza: são as Florestas Nacionais, as Reservas de Desenvolvimento Sustentável e, justamente, as Reservas Extrativistas. Somadas às Terras Indígenas, consideradas ambientalmente protegidas em virtude do baixo impacto causado pelas técnicas de exploração dos índios, as áreas protegidas cobrem 40,19% do território da Amazônia. Pode-se considerar um avanço pelo que significa em termos de proteção para os ecossistemas e garantia dos direitos dos seus povos aos territórios por eles tradicionalmente ocupados.

Essa talvez seja a mais nova "invenção da Amazônia", diferente daquelas criadas por viajantes e planejadores, e já analisadas pelo ex-professor da Universidade Federal do

Pará Armando Dias Mendes, especialista em questões relativas ao desenvolvimento regional e educação superior, e pela professora de literatura da Universidade Federal do Amazonas Neide Gondim. A nova invenção está assentada na ideia de que o Estado nacional é pluriétnico e multicultural, e, de acordo com a subprocuradora geral da República Deborah Duprat, em "O direito sob o marco da plurietnicidade/multiculturalidade" (2007), cabe ao Estado assegurar aos portadores de culturas e identidades diferentes o controle de suas próprias instituições e formas de vida, desenvolvimento econômico e manutenção e fortalecimento de suas identidades, línguas e religiões.

No caso brasileiro, é talvez na Amazônia que essa noção tem mais condição de se aplicar. Mas, como alertam estudiosos e aliados desses povos, sem formas de fiscalização que garantam a integridade dos territórios conquistados, sem políticas compensatórias nas áreas de educação e saúde, e sem incentivos e proteção adequados à produção extrativista a que se dedicam esses grupos e povos, seus espaços continuarão a ser invadidos e seus meios de vida usurpados pelos grandes empreendedores agropecuários e madeireiros, pelas empresas mineradoras e siderúrgicas, pela monocultura de exportação como a soja, e pelas grandes obras rodoviárias e as hidrelétricas.

SUGESTÕES DE LEITURA

ALMEIDA, Alfredo W. Berno de. *Antropologia dos archivos da Amazônia*. Rio de Janeiro: Casa 8; Fundação Universidade da Amazônia, 2008.

ALMEIDA, Mauro W. Barbosa de. Direitos à floresta e ambientalismo: os seringueiros e suas lutas. *Revista Brasileira de Ciências Sociais*, v. 19, n. 55. pp. 33-53.

Antropolítica: Revista Contemporânea de Antropologia e Ciência, n. 19, segundo semestre de 2005, Niterói.

HÉBETTE, Jean. Cruzando fronteira — 30 anos de estudo do campesinato na Amazônia. Belém: Editora Universitária da UFPA, 2004. 4 v.

PANTOJA, Mariana Ciavatta. *Os Milton* — Cem anos de história nos seringais. Rio Branco (AC): Edufac, 2008.

Série *Aconteceu*: Povos indígenas no Brasil. São Paulo: CEDI; Instituto Socioambiental, 1980.

ANDRÉ BOTELHO é professor do Departamento de Sociologia da UFRJ. Pesquisador do CNPq e da Faperj. Escreveu, entre outros trabalhos, *Aprendizado do Brasil* (Editora da Unicamp, 2002) e *O Brasil e os dias. Estado-nação, modernismo e rotina intelectual* (Edusc, 2005) e organizou, entre outros, *Um enigma chamado Brasil: 29 intérpretes e um país* (Companhia das Letras, 2009) e *Agenda Brasileira: Temas de uma sociedade em mudança* (Companhia das Letras, 2011), com Lilia Moritz Schwarcz.

ANTÔNIO FLÁVIO PIERUCCI é professor titular do Departamento de Sociologia da USP, pesquisador do CNPq especializado em Sociologia da Religião, autor dos livros *Ciladas da diferença* (Editora 34, 2008) e *O desencantamento do mundo: todos os passos do conceito em Max Weber* (Editora 34, 2005).

ANTONIO SÉRGIO ALFREDO GUIMARÃES é professor titular do Departamento de Sociologia da USP e pesquisador do CNPq e da Fapesp em estudos afro-brasileiros e desigualdades raciais. Foi visitante em diversas universidades do exterior. Seus principais livros são *Racismo e antirracismo no Brasil* (1999), *Classes, raças e democracia* (2002), *Preconceito e discriminação* (2004), todos pela Editora 34, e *Preconceito racial* (2008), pela Cortez.

JÚLIO ASSIS SIMÕES é professor do Departamento de Antropologia da USP e pesquisador colaborador do Pagu — Núcleo de Estudos de Gênero da Unicamp. Tem pesquisas sobre movimentos sociais, participação política, envelhecimento, gênero e sexualidade. Publicou, entre outros, *O dilema da participação popular* (Marco Zero/Anpocs, 1992) e *Na trilha do arco-íris: do movimento homossexual ao LGBT*, em parceria com Regina Facchini (Fundação Perseu Abramo, 2009).

LILIA MORITZ SCHWARCZ é professora titular no Departamento de Antropologia da Universidade de São Paulo (USP). Foi *visiting professor* em Oxford, Leiden, Brown, Columbia e Princeton e teve bolsa científica da Guggenheim Foundation. Fez parte do Comitê Brasileiro da Universidade Harvard (de 2009 a 2012) e é atualmente *global professor* pela Universidade Princeton. É autora, entre outros, de *Retrato em branco e negro* (Companhia das Letras, 1987), *O espetáculo das raças* (Companhia das Letras, 1993; Farrar Strauss & Giroux, 1999), *As barbas do Imperador — d. Pedro II, um monarca nos trópicos* (Companhia das Letras; Prêmio Jabuti de livro do ano de não ficção, 1999; Farrar Strauss & Giroux, 2004), *No tempo das certezas*, em coautoria com Angela Marques da Costa (Companhia das Letras, 2000), *Símbolos e rituais da monarquia brasileira* (Zahar, 2000) e *Racismo no Brasil* (Publifolha, 2001), *A longa viagem da biblioteca dos reis*, com Paulo Azevedo (Companhia das Letras, 2002), *O livro dos livros da Real Biblioteca* (Biblioteca Nacional; Odebrecht, 2003), *Registros escravos* (Biblioteca Nacional, 2006) e *O sol do Brasil: Nicolas-Antoine Taunay e seus trópicos difíceis* (Companhia das Letras, 2008; Prêmio Jabuti de melhor biografia, 2009). Coordenou, entre outros, o volume 4 da *História da vida privada no Brasil: contrastes da intimidade contemporânea* (Companhia das Letras, 1998; Prêmio Jabuti, 1999) e, com André Botelho, *Um enigma chamado Brasil* (Companhia das Letras, 2009; Prêmio Jabuti em ciências sociais, 2010). Dirige atualmente a coleção *História do Brasil nação* (Mapfre/ Objetiva, em 6 volumes, Prêmio APCA, 2011) e é autora do terceiro volume, *A abertura para o mundo: 1889-1930*, dedicado à Primeira República, publicado em 2012. Foi curadora das exposições: *Virando vinte: política, cultura e imaginário em São Paulo, no final do século XIX* (São Paulo, Casa das Rosas, 1994-5), *Navio Negreiro: cotidiano, castigo e rebelião escrava* (São Paulo, Estação Ciência, 1994 e 1998), *A longa viagem da biblioteca dos reis* (Rio de

Janeiro, Biblioteca Nacional, 2003-4), *Nicolas Taunay: uma leitura dos trópicos* (Museu Nacional de Belas Artes e Pinacoteca do Estado de São Paulo, maio a setembro de 2008) e, junto com Boris Kossy, *A fotografia: um olhar sobre o Brasil* (Instituto Tomie Otake, 2012, e Fundação Banco do Brasil, Rio de Janeiro, 2013). Em 2010, recebeu a Comenda da "Ordem Nacional do Mérito Científico".

LUIZ EDUARDO SOARES é antropólogo e cientista político, professor da UERJ e da UES, ex-secretário nacional de Segurança Pública, ex-coordenador de segurança, justiça e cidadania do estado do Rio de Janeiro e ex-secretário municipal de prevenção da violência em Nova Iguaçu (RJ) e Porto Alegre. É autor de vários livros, entre eles: *Tudo ou nada* (Nova Fronteira, 2012); *Justiça* (Nova Fronteira, 2011); *Legalidade libertária* (Lumen-Juris, 2006); *Meu casaco de general* (Companhia das Letras, 2000). É coautor de *Elite da tropa 2* (Nova Fronteira, 2010); *Espírito Santo* (Objetiva, 2008); *Elite da tropa* (Objetiva, 2006) e *Cabeça de porco* (Objetiva, 2005). Foi professor da Unicamp e do Iuperj, e *visiting scholar* da Universidade Harvard, da Universidade Columbia, da Universidade de Virginia e da Universidade de Pittsburgh.

MARIA TEREZA AINA SADEK é professora do Departamento de Ciência Política da USP e diretora de pesquisas do Centro Brasileiro de Estudos e Pesquisas Judiciais (Cebepej).

MARIZA CORREA, antropóloga, é pesquisadora do Pagu — Núcleo de Estudos de Gênero da Unicamp. É autora, entre outros, de *As ilusões da liberdade. A escola Nina Rodrigues e a antropologia no Brasil* (Edusf, 2001) e *Antropólogas & antropologia* (Editora da UFMG, 2003).

NEIDE ESTERCI é professora titular de Antropologia Social do IFCS/UFRJ. Faz estudos sobre práticas atuais de coerção sobre a força de trabalho, formas camponesas de relação com a terra e projetos socioambientais.

SERGIO ADORNO é professor titular do Departamento de Sociologia da USP, coordenador do Núcleo de Estudos da Violência (NEV-Cepid-USP), coordenador do INCT-CNPq Violência, Democracia e Segurança Cidadã, coordenador da cátedra Unesco de Educação para a Paz, Direitos Humanos, Democracia e Tolerância (IEA-USP) e pesquisador I-B do CNPq.

CRÉDITOS DAS IMAGENS

Página 7: Richard Kalvar, Magnum Photos, Latinstock.
Páginas 29, 49, 95, 109 e 131: Folhapress.
Página 39: Nilton Fukuda, Agência Estado.
Página 61: Walmir Monteiro, SambaPhoto.
Página 71: Wilton Júnior, Agência Estado.
Página 83: Marcos de Paula, Agência Estado.
Página 119: Acervo Jesus Carlos, Imagem Latina.

ESTA OBRA FOI COMPOSTA
EM CHARTER POR WARRAKLOUREIRO
E IMPRESSA EM OFSETE PELA GRÁFICA
BARTIRA EM PAPEL PÓLEN SOFT DA
SUZANO PAPEL E CELULOSE
PARA A EDITORA CLARO ENIGMA
EM FEVEREIRO DE 2018